La francophonie en action

La francophonie en action

Utilisateur indépendant
B1

Caroline Lebrec, Frenand Léger et Miao Li

avec Enrica Piccardo (conseillère scientifique)

Canadian Scholars
Toronto | Vancouver

La francophonie en action : Utilisateur indépendant, B1
Caroline Lebrec, Frenand Léger et Miao Li avec Enrica Piccardo (conseillère scientifique)

Première publication en 2024 par
Canadian Scholars, une marque de CSP Books Inc.
180 Bloor Street West, Suite 1401
Toronto, Ontario
M5S 2V6

www.canadianscholars.ca

Droits d'auteur © 2024 Caroline Lebrec, Frenand Léger, Miao Li et Canadian Scholars.

Tous droits réservés. Aucune partie de cette publication ne peut être reproduite, stockée dans un système de recherche documentaire, ou transmise de quelque façon que ce soit, sans l'autorisation écrite de Canadian Scholars, sous la licence ou les conditions de la part de l'organisme de gestion des droits de reproduction appropriée ou de la manière autorisée par la loi.

Tous les efforts raisonnables ont été mis en œuvre pour identifier les titulaires des droits d'auteur. Canadian Scholars serait ravie du signalement de toute erreur ou omission.

Catalogage avant publication de Bibliothèque et Archives Canada

Titre: La francophonie en action / Caroline Lebrec, Frenand Léger et Miao Li avec Enrica Piccardo (conseillère scientifique).
Noms: Lebrec, Caroline, auteur. | Léger, Frenand, auteur. | Li, Miao, auteur.
Description: Comprend des références bibliographiques. | Sommaire incomplet:
  [1]. Utilisateur indépendant, B1
Identifiants: Canadiana (livre imprimé) 20240325613 | Canadiana (livre numérique) 20240325699 | ISBN 9781773383743 (couverture souple ; vol. 1) |
  ISBN 9781773383750 (PDF ; vol. 1) | ISBN 9781773383767 (EPUB ; vol. 1)
Vedettes-matière: RVM: Français (Langue)—Manuels pour allophones. | RVM: Écriture inclusive—Manuels pour allophones. | RVMGF: Manuels d'enseignement supérieur.
Classification: LCC PC2128 .L43 2024 | CDD 448.2/4—dc23

Conception du texte : Régis Normandeau
Composition du texte : S4Carlisle Publishing Services
Conception de la couverture : Rafael Chimicatti
Images de couverture : Benoit Debaix, Unsplash; Bdx, Wikimedia Commons; Huron-Wendat Museum

24 25 26 27 28   5 4 3 2 1

Imprimé et relié en Ontario, Canada

Canada

Table des matières

Présentation du manuel xi

Module I
Planifier l'année universitaire ! 1

Scénario 1
Organiser la rentrée universitaire : trouver un logement 5
    Étape 1 (réception écrite)
        Lire un bail et les règlements de la résidence universitaire 7
    Étape 2 (réception orale et écrite)
        Chercher un logement 10
    Étape 3 (réception et production écrite)
        La lettre formelle 13
    Étape 4 (production écrite)
        Réinvestir les connaissances 17
    Faire le point 21
    Tâche finale (production écrite) 21
    Langage inclusif 22

Scénario 2
Choisir un programme d'étude et des cours... 23
    Étape 1 (réception audiovisuelle)
        Chercher des informations pour déterminer quelles études
        pour quel avenir professionnel 25
    Étape 2 (médiation à l'écrit et activité interactionnelle)
        Faire un plan d'études 26
    Étape 3 (réception et interaction orale)
        Demander des conseils à d'autres étudiants.................................... 30
    Étape 4 (activité interactionnelle)
        Discuter de ses intérêts professionnels 35
    Faire le point 37
    Tâche finale (production écrite) 38
    Langage inclusif 39

Scénario 3
Utiliser des stratégies pour éviter la procrastination 40
    Étape 1 (réception écrite)
        Lire un article sur les causes et les effets de la procrastination
        et prendre des notes 44
    Étape 2 (médiation à l'écrit)
        Faire un résumé de lecture 48
    Étape 3 (réception et interaction écrite et orale)
        Discuter avec des amis sur les stratégies à adopter pour éviter
        la procrastination 49
    Étape 4 (compréhension et production écrites)
        Réinvestir les connaissances 50
    Faire le point 54
    Tâche finale (production orale) 54
    Langage inclusif 55

Scénario 4
Se préparer pour la période des examens 56
    Étape 1 (réception écrite)
        Lire un article sur l'anxiété face aux examens et noter les
        points principaux 58
    Étape 2 (médiation à l'écrit)
        Le compte rendu de lecture 61
    Étape 3 (réception et interaction écrite et orale)
        Discuter des questions d'évaluation et de compétition sociale en
        formulant des hypothèses 63
    Étape 4 (production orale)
        Réinvestir les connaissances 65
    Faire le point 68
    Tâche finale (médiation à l'écrit) 68
    Langage inclusif 71

Projet de fin de module
Je prépare une présentation et une animation d'un débat public 72
    Langage inclusif 73

Module II
Des projets de vacances hivernales !... 75

Scénario 1
Choisir une destination pour les vacances.. 79
    Étape 1 (réception écrite et audiovisuelle)
        Penser aux différentes destinations et consulter des cartes géographiques
        et des brochures touristiques.. 81
    Étape 2 (médiation à l'écrit)
        Établir une liste organisée de choix justifiés.. 87
    Étape 3 (réception et interaction écrite et orale)
        Exprimer ses goûts, ses intérêts et ses choix.. 89
    Étape 4 (production écrite)
        Réinvestir les connaissances... 96
    Faire le point 97
    Tâche finale (production orale)... 97
    Langage inclusif... 99

Scénario 2
Planifier le transport... 100
    Étape 1 (réception écrite et audiovisuelle)
        Choisir un mode de transport et consulter des sites de voyages sur
        Internet, des horaires de train, de bus, d'avion, etc.. 102
    Étape 2 (médiation à l'écrit et à l'oral)
        Se renseigner sur les moyens de transport et de déplacement 105
    Étape 3 (production orale, écrite et activités interactionnelles)
        Discuter des moyens de transport et de déplacement.. 107
    Étape 4 (médiation à l'écrit et activité interactionnelle)
        Réinvestir les connaissances 109
    Faire le point.. 110
    Tâche finale (production orale et activité interactionnelle) 110
    Langage inclusif... 112

Scénario 3
Effectuer des recherches et réserver un logement de vacances.. 113
    Étape 1 (réception écrite et audiovisuelle)
        Se renseigner sur les types de logement à partir d'Internet................................... 115
    Étape 2 (médiation à l'écrit)
        Trouver un logement en ligne.. 118

Étape 3 (réception et interaction écrite et orale)
  Comparer les types de logement disponibles sur Internet 119
Étape 4 (médiation à l'écrit et production orale)
  Réinvestir les connaissances 121
Faire le point 122
Tâche finale (interaction orale) 122
Langage inclusif 124

Scénario 4
Planifier une excursion 125
Étape 1 (réception écrite et audiovisuelle)
  Se renseigner sur les diverses destinations et activités potentielles
  de loisir, choisir et justifier 126
Étape 2 (réception et interaction écrite et orale)
  Discuter de mes activités de loisir préférées 128
Étape 3 (production à l'écrit et médiation à l'oral)
  Planifier son voyage 130
Étape 4 (compréhension écrite, production écrite et/ou orale)
  Je vais plus loin : Je réinvestis mes connaissances 132
Faire le point 135
Tâche finale (production écrite et médiation) 135
Langage inclusif 137

Projet de fin de module
Je crée une brochure touristique 138
  Langage inclusif 139

Module III
Explorer la diversité du monde francophone ! 141

Scénario 1
Planifier des études dans un pays ou dans une région francophone 145
Étape 1 (réception écrite et audiovisuelle)
  Se renseigner sur les programmes de mobilité étudiante 149
Étape 2 (réception écrite et orale)
  Choisir un programme de mobilité étudiante 151
Étape 3 (réception, et interaction écrite et orale)
  Discuter du programme choisi 156

Étape 4 (réception et production)
    Je réinvestis mes connaissances 160
Faire le point 165
Tâche finale (production écrite) 165
Langage inclusif 168

Scénario 2
Raconter un séjour d'échange 169
  Étape 1 (médiation à l'écrit)
    Faire un plan pour organiser les informations à inclure dans un
    compte rendu d'événements 171
  Étape 2 (réception écrite)
    Réfléchir à l'organisation d'un texte narratif 173
  Étape 3 (réception et interaction écrite et orale)
    Raconter des faits et des événements qui se sont déroulés dans
    le passé 179
  Étape 4 (production écrite)
    Je réinvestis mes connaissances 182
Faire le point 185
Tâche finale (production orale) 185
Langage inclusif 186

Scénario 3
Décrire les coutumes et les traditions d'un pays ou d'une région
francophone 188
  Étape 1 (médiation à l'écrit)
    Préparer des éléments d'information à inclure dans un texte à
    dominante descriptive 191
  Étape 2 (réception et production écrite)
    Se renseigner pour faire un choix 193
  Étape 3 (réception écrite)
    La structure du texte descriptif 196
  Étape 4 (réception audiovisuelle et production écrite)
    Réinvestir les connaissances 199
Faire le point 201
Tâche finale (activités de médiation et de production écrite) 201
Langage inclusif 202

Scénario 4
Préparer un exposé oral sur la situation socioéconomique et politique
d'un pays ou d'une région francophone.. 203
    Étape 1 (réception écrite et audiovisuelle)
        Consulter des documents officiels et collecter des données fiables
        sur le sujet à traiter 206
    Étape 2 (réception écrite/orale et activité interactionnelle)
        Choisir un territoire ou un pays francophone à présenter 209
    Étape 3 (réception écrite et activité interactionnelle)
        Veiller à la cohérence dans la préparation d'un exposé oral 212
    Étape 4 (activité de médiation et de production écrite)
        Réinvestir les connaissances 217
    Faire le point 220
    Tâche finale (activité de médiation et de production orale)........................... 220
    Langage inclusif 221

Projet de fin de module
Je propose de présenter en public les résultats de ma recherche sur
la francophonie (production écrite).. 222
    Langage inclusif 223

Appendice : Liste des points de grammaire du livre... 224
Index 225
Remerciements de droits d'auteur... 230

Présentation du manuel

Introduction

Ce manuel de langue est conçu pour tous les programmes de français dédiés à un public dont le français n'est pas la langue première. Il reflète les valeurs inclusives et pluriculturelles canadiennes dans le choix des formes langagières avec lesquelles il a été rédigé, ainsi que dans la diversité des références culturelles choisies comme support aux activités d'apprentissage. Ces dernières ont toutes été exploitées à partir de documents authentiques qui reflètent la diversité du monde francophone, qu'elle soit identitaire, sexuelle, raciale et/ou culturelle. Les personnes qui ont conçu et rédigé ce manuel portent cette diversité en tant qu'immigrant·e·s de première génération venant du Canada (Québec), des Caraïbes (Haïti), de l'Asie (Chine) et de l'Europe (France et Italie).

Pour faciliter son intégration dans les curriculums de langue, ce manuel suit la méthodologie de l'approche actionnelle adoptée par le Cadre européen de référence pour les langues (CERL). Toutefois, les auteur·rice·s évoluent dans un contexte universitaire canadien. Le contenu du manuel adapte l'approche du CERL au contexte canadien avec des documents authentiques qui reflètent la diversité culturelle francophone de la Colombie-Britannique, de l'Alberta, du Québec et de l'Ontario. Nous remercions chaleureusement les contributrices Enrica Piccardo et Isabella Huberman pour l'apport de leur expertise dans leur domaine respectif de l'approche actionnelle du CERL et des études autochtones du Québec. Nous remercions aussi nos collaborateurs, Xavier Ahodetor et Vincent Manuele, pour leur aide dans le développement de la plate-forme numérique qui est offerte en complément du manuel. Nous remercions également notre éditeur, Canadian Scholars Press, de nous avoir laissé l'entière liberté de choisir la forme linguistique adoptée pour rédiger ce manuel, celle du plein potentiel d'une langue à représenter les questionnements inclusifs de son temps, plutôt que de se satisfaire d'une norme discriminatoire de toutes les identités de genre.

L'approche adoptée : La perspective actionnelle

Le manuel *La francophonie en action* arrive à un moment crucial de notre réflexion collective sur la didactique des langues, et en particulier du Français Langue Seconde (FLS). Nos sociétés qui voient une augmentation constante de la diversité socio-culturelle - souvent cachée sous une façade d'homologation monolingue - sont des sociétés complexes caractérisées par un niveau élevé de changement. Ce changement, qui se manifeste sous de multiples formes et investit les différentes sphères de notre existence collective, constitue à la fois une opportunité et un défi : d'un côté les obstacles spatio-temporels, épistémologiques et culturels semblent plus faciles à dépasser, de l'autre la difficulté d'emprunter de nouveaux chemins où se mêlent les diversités linguistiques, socioculturelles et disciplinaires nous apparaît toujours plus clairement. Nous sommes appelés à opérer un renversement de perspective où le pluralisme, la diversité, l'hybridisme (Petrosino, 2004) deviennent la norme plutôt que l'exception et cela à son tour demande une nouvelle réflexion épistémologique.

Il n'est pas difficile de voir quel rôle clé les langues peuvent jouer dans ce processus et donc comment l'éducation aux langues a le potentiel d'agir comme un catalyseur pour une nouvelle vision, plus ouverte et dynamique, de notre vie collective (Piccardo, 2014).

Ce manuel fait partie d'un projet d'envergure qui se propose de soutenir et d'accompagner des processus d'innovation dans la didactique du FLS. Le titre *La francophonie en action* annonce d'emblée le ton et l'objectif de l'ouvrage. Grâce à ces deux termes, « francophonie » et « action », nous sommes invités d'une part à réfléchir à la diversité de la francophonie – et par cela à la richesse de la langue française et des cultures multiples qui la nourrissent – et de l'autre à nous situer dans une perspective dynamique de l'usage des langues et de leur apprentissage.

La didactique des langues est une science complexe qui s'est nourrie de l'expérience acquise grâce aux différentes méthodologies et approches utilisées au fil du temps. Elle se présente comme une science interdisciplinaire qui se construit en fonction de l'agir (Porcelli, 2005). Elle se situe donc dans une dynamique d'évolution constante, ce qui lui permet d'offrir des réponses capables de garantir un apprentissage efficace. L'un des obstacles majeurs à une didactique des langues efficace et inclusive est l'usage d'approches obsolètes (Hölscher et al., 2006 ; Viswanathan, 2016). Ces approches se positionnent en porte-à-faux avec ce que la recherche préconise (Hall, 2016 ; Kumaravadivelu, 2003; Pauwels, 2014) et conduisent les enseignants à enseigner la langue comme un objet d'étude, plutôt que comme un processus qui se manifeste dans des tâches authentiques et collaboratives, axées sur la vie réelle. C'est cette vision qui caractérise l'approche actionnelle (Conseil de l'Europe, 2001; Piccardo & North, 2019) qui a inspiré le développement de ce manuel et qui promeut une utilisation significative et transférable de la langue tout en favorisant l'engagement, la collaboration et les processus réflexifs chez les apprenant·e·s. Dans l'approche actionnelle, les apprenant·e·s perçoivent la possibilité d'une action sociale et saisissent l'occasion d'agir. En fait, cette approche considère la salle de classe comme un lieu d'action réelle où l'apprenant·e devient un·e vrai·e acteur·ice social·e, et non comme un espace de préparation à un futur, lui seul considéré comme réel. Le concept d'**acteur social**, vrai pivot pour une mise en œuvre de l'approche actionnelle, introduit par le Cadre européen commun de référence pour les langues (Conseil de l'Europe, 2001) dès sa version provisoire de 1996 et dans une étude d'accompagnement (Coste, Moore, & Zarate, 1997/2009), est central dans la nouvelle édition du CECR, le CECR Volume complémentaire, récemment publié en français (Conseil de l'Europe, 2021) (ci-après CECRVC).

Le CECRVC est un outil capable de stimuler une profonde innovation dans l'enseignement des langues : le manuel *La Francophonie en action* agit à la fois comme témoignage de cette capacité et comme outil capable à son tour de nourrir la réflexion sur le rôle moteur que l'approche actionnelle a dans l'innovation didactique. Le CECRVC, qui complète et développe le schéma descriptif du CECR avec son organisation de la compétence communicative langagière en quatre modes de communication (réception, production, interaction et médiation) articulées aux compétences linguistiques et générales, fournit aux enseignants une ressource fondamentale pour intégrer la dimension de l'action dans la classe. Cette dimension de l'action voit les apprenant·e·s/usager·ère·s engagé·e·s en tant que médiateur·ice·s au niveau de la communication et de la co-construction du sens, tant à l'intérieur de la langue cible, dans ce cas le FLS, qu'entre les différentes langues et cultures. L'approche actionnelle favorise l'engagement de l'apprenant·e et, par conséquent, l'amélioration des niveaux de compétence linguistique en FLS par le biais de tâches concrètes qui exigent de chacun·e une utilisation stratégique et réflexive de ses propres ressources linguistiques et culturelles en langue française, ressources qui a leur tour se situent dans l'ensemble du patrimoine linguistique et culturel que chaque individu a développé au cours de sa trajectoire personnelle.

Un des aspects fondamentaux de l'approche actionnelle est la notion de **scénario**. Les scénarios, compris comme des séquences pédagogiques articulées, cohérentes et contextualisées qui mettent l'accent sur la nature sociale et médiatisée de la langue, peuvent être considérés comme des «plans de projets» (Piccardo & North, 2019 : p. 272) qui accompagnent les apprenant·e·s dans le processus d'apprentissage et encouragent l'apprentissage collaboratif, réfléchi et autorégulé. Dans un scénario, les apprenant·e·s travaillent en petits groupes à la réalisation d'un produit concret et développent ainsi une perspective stratégique qui favorise l'autonomie et le sens de l'initiative (Bourguignon, 2006 ; 2010 ; Piccardo & North, 2019). Ce travail de nature cyclique, avec des moments de retour d'information et de rétroaction, permet de développer les compétences et les connaissances nécessaires pour accomplir avec succès les tâches de la vie réelle envisagées par chaque scénario. L'orientation vers un but concret favorise le sentiment d'auto-efficacité des apprenant·e·s une fois qu'ils auront complété la tâche.

Un des points forts du manuel *La Francophonie en action* est précisément l'organisation de la progression didactique autour de scénarios. Cette organisation nécessite une programmation partant des objectifs, selon un mode de conception à rebours qui intègre des **descripteurs** inspirés du CECRVC afin de définir à la fois les objectifs d'apprentissage et les critères d'auto-évaluation et d'évaluation finale. Pour se repérer, les utilisateurs du manuel trouvent des scénarios détaillés qui comprennent une sélection de descripteurs ciblés qui accompagnent et structurent l'action didactique tout au long du scénario. En fait, loin d'être une forme de cadrage visant l'évaluation - comme certains le prétendent à tort (Coste, 2021 ; Liddicoat & Derivry-Plard, 2021) - les descripteurs sont un outil pratique de soutien à l'action pédagogique qui aident les enseignants de façons multiples : avoir des attentes réalistes par rapport aux niveaux dans lesquels ils opèrent et aux besoins communicatifs authentiques des apprenant·e·s ; créer des objectifs concrets en rapport avec les tâches réelles ; intégrer la planification, l'enseignement et l'évaluation dans un ensemble cohérent ; et, enfin, impliquer les apprenant·e·s dans le processus d'apprentissage en partageant les descripteurs qui agissent comme des balises du parcours d'apprentissage lui-même.

L'utilisation des descripteurs trouve toute sa raison d'être dans une didactique orientée vers l'action et sensible au contexte éducatif dans lequel les enseignants agissent dans leur pratique quotidienne, ce qui est précisément la perspective dans laquelle se situe le manuel *La Francophonie en action*. Dans ce manuel l'apprenant·e agit comme un·e acteur·ice social·e à part entière dans le sens où iel exerce sa capacité et sa volonté d'agir (*agency*) dans le contexte social, qui est par sa nature un contexte authentique avec des conditions et des limites imposées par le contexte lui-même. En tant qu'acteur·ice social·e, iel mobilise toutes ses ressources (cognitives, émotionnelles, linguistiques et culturelles) pour accomplir les tâches, tout en agissant de manière collaborative et en visant des résultats précis. Dans ce processus les apprenant·e·s prennent aussi conscience de la nature intrinsèquement dynamique de leurs répertoires linguistico-culturels personnels et apprécient la richesse de la diversité linguistico-culturelle de la francophonie.

De son côté l'enseignant·e articule son syllabus autour de **tâches** significatives et collaboratives qui permettent aux apprenant·e·s de prendre des initiatives et d'agir de manière consciente et stratégique. Ces tâches réelles, qui envisagent une mission claire avec normalement la création d'un produit final, se situent au sein de scénarios qui eux fournissent un cadre de réalité avec toutes ses contraintes. Aussi, les scénarios permettent aux enseignant·e·s de dépasser la vision linéaire qui sépare les langues de manière étanche pour ouvrir à une vision holistique qui valorise les liens entre les langues et leur dynamisme.

Dans la perspective d'innovation didactique que le manuel *La Francophonie en action* facilite, l'enseignant·e de FLS se trouve investi·e d'une mission à la fois valorisante et stimulante : celle d'être un·e acteur·ice du changement, un changement qui se nourrit des apports des résultats de la recherche appliquée au monde de l'éducation et qui à son tour contribue à son propre développement professionnel. Comme un·e bon·ne médecin, un·e enseignant·e construit sa professionnalité dans l'action et fait les choix les plus adaptés aux cas et aux contextes individuels, en connaissance de cause et conforté·e par les données de la recherche. L'enseignement du FLS, organisé autour d'objets fédérateurs tels que les scénarios actionnels, valorise également le rôle de l'enseignant.e, qui adopte une perspective écologique (Tudor, 2001 ; van Lier, 2007), qui travaille à la fois sur un code et un contenu, et qui gère le changement de manière souple et efficace. Le manuel *La Francophonie en action* invite à dépasser le rôle de simple utilisateur d'un outil ou d'une ressource ou la seule dimension technologico-didactique pour intégrer la dimension humaine afin de prendre en compte les parcours individuels des apprenant·e·s et de booster leur potentiel. Cette perspective offre certes plus de choix possibles que de voies uniques, plus de questions que de réponses. Mais ce sont précisément les réponses que l'enseignant·e trouve et les choix qu'iel fait - souvent en collaboration avec ses collègues - qui le rendent « un stratège de la complexité » (Piccardo, 2010), capable de faire face à l'innovation.

L'approche actionnelle gagne en popularité depuis quelques années et le foisonnement de projets ainsi que les ressources produites au cours des dernières années (voir par exemple Durham Immigration Portal, 2016 ; Hunter et al., 2017 ; Hunter et al., 2019 ; North et al., 2022 ; Piccardo & Hunter, 2017 ; Piccardo et al., 2022 ; Schleiss & Hagenow-Caprez, 2017) font état de sa vitalité. Ce manuel arrive donc au bon moment et se propose comme un outil clé pour les enseignants de FLS au niveau de l'enseignement supérieur au Canada et ailleurs : grâce à ce manuel la francophonie sera vraiment en action et contribuera au renouveau profond de la didactique du FLS.

Les pratiques d'équité, de diversité, d'inclusion et de décolonisation (EDID) adoptées dans ce manuel

1. L'ouverture au contenu autochtone

Plusieurs activités invitent les apprenant·e·s à dialoguer avec des productions culturelles, des connaissances et des réalités autochtones, notamment celles des Premières Nations du Québec. Nous visons, par l'inclusion de ce matériel, à contribuer à la déconstruction des structures de pouvoir, issues du colonialisme passé et présent, qui informent les modalités établies d'enseigner et d'apprendre la langue. Cette visée rejoint un effort collectif en cours pour décoloniser l'éducation, pour répondre aux appels à l'action de la Commission de vérité et réconciliation et pour transformer l'apprentissage de la langue française au Canada en soulignant la contribution des savoirs autochtones.

2. L'écriture inclusive

Ce manuel de langue s'est écrit dans le contexte d'un débat en cours, sans norme fixe, ouvrant sur une pluralité d'écriture des marques d'inclusion, et parfois sur leur rejet (Terriennes/TV5 Monde, 2023 ; Abbou et al., 2018). Par souci de mettre en avant un aspect éducatif favorisant l'apprentissage d'une langue, nous avons choisi le modèle inclusif de la représentation de toutes les identités de genre qui privilégie la lisibilité des concepts langagiers à transmettre aux apprenant·e·s du français, tout en respectant les diverses positions idéologiques (Gygax et al., 2021 ; Haddad, 2023). C'est pourquoi nous avons fait les choix suivants :

- Dans la préface : celle-ci s'adressant aux enseignant·e·s du français, l'écriture inclusive y figure de plein droit ;
- Dans le manuel adressé à des apprenant·e·s du français, nous avons opté pour
  - L'utilisation de mots épicènes chaque fois que cela était possible plutôt que les doublets qui marquent une persistance de la pensée binaire (Gouvernement du Canada, 2023) ;

- La présentation de nos chapitres selon l'écriture neutre, celui de la malheureuse norme du masculin dominant (Institut de l'École normal supérieure, 2023), mais en y ajoutant une police de couleur pour désigner tous les termes qui devraient/ pourraient être écrits en écriture inclusive et de reporter ces termes dans des tableaux explicatifs situés à la fin de chaque scénario. Ces tableaux ont l'avantage d'offrir un support visuel à la réalité de la représentation de toutes les identités de genre dans la langue puisqu'ils associent à un mot ses trois formes possibles : la forme masculine, la forme féminine et la forme inclusive de toutes les identités de genre (ou forme dite non-binaire) ;
- Dans les textes authentiques empruntés à d'autres ressources, la décision a été prise de conserver les termes qui pourraient être écrits en écriture inclusive mais qui ne le sont pas puisque ce ne sont pas des mots que nous avons écrits. Ces mots ne sont donc ni en police de couleur, ni reportés dans les tableaux d'écriture inclusive. Pour les enseignant·e·s qui lisent cette préface, cela pourrait être une belle activité à faire faire à vos étudiant·e·s : écrire en écriture inclusive les parties du manuel qui ne le sont pas ;
- L'utilisation du point médian plutôt que du point de ponctuation car aucun genre ne souhaite être représenté par un signe de ponctuation que ce soit une parenthèse ou un point (Institut national de la recherche scientifique, 2023) ;
- Lorsqu'il était pertinent, nous avons mentionné dans ces tableaux l'option de l'accord historique de proximité (Viennot 2014, 2018) qui a le mérite d'éloigner la langue du politique en inscrivant une règle syntaxique au lieu d'une règle idéologique ;
- Nous avons aussi fait le choix d'appliquer l'écriture inclusive au pronom indéfini «quelqu'un», en hommage à Monique Wittig, pionnière de la déconstruction de l'aspect «hégémonique et complice» (Connell & Meserschmidt, 2015) des masculinités dans la langue française. On trouve notamment le mot «quelqu'une» dans son ouvrage *Paris-la-politique et autres histoires* (Wittig, 2023).

Il va sans dire que nous espérons qu'un jour ces tableaux ne seront plus nécessaires, car l'écriture inclusive serait devenue une pratique linguistique courante reflétant toutes les identités de genre sans que les mentalités pensent que cela complexifie l'apprentissage d'une langue. Nous espérons aussi que les choix que nous avons faits seront appréciés des apprenant·e·s pour leurs principes de lisibilité et d'équité de la langue. Nous espérons enfin que ce manuel fera avancer ce débat en cours dans le domaine de la création des manuels de langue et plus généralement dans le monde éducatif jusque dans les salles de classe où les langues s'apprennent et se transmettent. Nous souhaitons bien sûr que ce manuel sera un exemple suivi par d'autres afin de faire rayonner le principe d'équité dans la langue, au lieu de s'ancrer dans une idéologie qui préfère s'appuyer sur un rapport de pouvoir qui profite à un genre plutôt qu'aux autres.

Présentation des logotypes

Quelques logotypes sont utilisés dans le manuel pour signaler les différents types d'activités d'enseignement et d'apprentissage qui s'y trouvent. Les voici accompagnés chacun d'une brève légende :

Site web complémentaire

Ce logo renvoie aux contenus disponibles en ligne qui complètent le manuel. Pour faciliter le travail individuel des apprenant·e·s, le manuel est en effet accompagné d'un espace numérique où les apprenant·e·s trouveront des batteries d'exercices autocorrectifs et interactifs supplémentaires pour continuer à travailler l'oral, l'écrit, la grammaire, le vocabulaire, etc. (www.lafrancophonieenaction.ca)

Travail en groupe

Ce logo indique que les apprenant·e·s doivent se mettre en paire ou en groupe pour faire l'activité requise.

Navigation Internet

Ce logo indique que les apprenant·e·s doivent accéder à l'Internet pour faire l'activité requise.

Vidéo

Ce logo indique que les apprenant·e·s doivent regarder un enregistrement vidéo (vidéoclip, extrait de film, d'entrevue, d'émission télé, etc.) pour faire l'activité requise.

Lecture

Ce logo indique que les apprenant·e·s doivent faire des activités de réception et de médiation écrite.

Production, interaction et médiation orale

Ce logo indique que les apprenant·e·s doivent produire et interagir à l'oral, tout en faisant les activités de médiation afférentes.

Production, interaction et médiation écrite

Ce logo indique que les apprenant·e·s doivent produire et interagir à l'écrit, tout en faisant les activités de médiation afférentes.

Présentation des tableaux de contenu

La Francophonie en action B1 comprend trois modules, centré chacun sur un thème lié à la vie étudiante. Chaque module est à son tour composé de quatre scénarios. Nous proposons au début du module une page d'ouverture avec un titre évoquant la thématique de celui-ci et un tableau qui énonce de façon schématique les quatre scénarios (mise en train et diagnostic), la compétence communicative langagière en quatre modes (réception, interaction, production et médiation), les compétences langagières générales (observation et entraînement linguistiques), et les regards pluriculturels, plurilingues et sociolinguistiques. Ces trois derniers sont développés en quatre étapes à l'intérieur de chaque scénario et celui-ci est conclu par une tâche finale.

1. **Mise en train et diagnostic**
   Comme son nom l'indique, cette section composée de questions d'enquête vise à activer et à vérifier les connaissances antérieures liées à la thématique du scénario, tout en amenant les apprenant·e·s à se familiariser avec les connaissances de base dont iels auront besoin pour atteindre les objectifs de communication.

2. **Réception, interaction, production et médiation**
   Cette section propose une systématisation active d'exercices variés de compréhension écrite et orale, de productions écrite et orale, et de médiation permettant aux apprenant·e·s d'explorer les différents moyens d'expression dans les situations de communication.

3. **Observation et entraînement linguistiques (grammaire, lexique)**
   Cette section suggère une démarche guidée qui va de l'observation à l'entraînement, en passant par une déduction et une construction de la règle linguistique qui se fait par les apprenant·e·s. Des tableaux offrent une vision synthétique des points grammaticaux et des activités de lexique qui permettent l'acquisition d'un vocabulaire vivant.

   Les sections 2 et 3 proposent toutes les deux des activités qui permettront aux apprenant·e·s de mettre en pratique leurs nouvelles compétences langagières.

4. **Regards pluriculturels, plurilingues et sociolinguistiques (francophones et d'autres langues aussi)**
   Cette section, contenant des documents actuels et originaux ainsi que des questions de réflexion, permet aux apprenant·e·s d'être exposé·e·s au monde et à la réalité de la diversité culturelle et sociale francophone.

5. **Tâche finale**
   À la fin de chaque scénario, cette dernière section offre aux apprenant·e·s une vue d'ensemble des compétences acquises qui leur permet de réinvestir celles-ci en réalisant des tâches individuelles ou collaboratives, parfois expérientielles, et de développer leur capacité à agir, à interagir et à coopérer dans un groupe. Elle encadre donc les quatre scénarios dans un macro-scénario qui donne plus de cohérence au module même.

Références

Abbou, J., Arnold, A., Candea, M. et Marignier, N. (2018), Qui a peur de l'écriture inclusive? Entre délire eschatologique et peur d'émasculation. *Semen : Revue de sémio-linguistique des textes et discours*, 44(1), 133–150.

Bona, D. (2023), Genre : accord ou désaccord ? *Institut de l'École normale supérieure*. Consulté sur : https://institutens.fr/dictionnaire-ecole-femmes-genre/

Conseil de l'Europe (2001), *Cadre européen commun de référence pour les langues : apprendre, enseigner, évaluer – Volume complémentaire*. Strasbourg : Éditions du Conseil de l'Europe. https://rm.coe.int/1680a4e270

Connell, R. et Messerschmidt, J. (2015), Faut-il repenser le concept de masculinité hégémonique : Traduction coordonnée par Élodie Béthoux et Caroline Vincensini. *Terrains & travaux*, 27, 151–192. https://doi.org/10.3917/tt.027.0151

Coste, D. (2021), De Rüschlikon au Volume complémentaire ou Du risque qu'il y a à passer sous les échelles. Dans K. Vogt et J. Quetz (eds.) *Der neue Begleitband zum Gemeinsamen europäischen Referenzrahmen für Sprachen, KFU – Kolloquium Fremdsprachenunterricht*, 67, Peter Lang, Berlin, pp. 35–46.

Coste, D., Moore, D. et Zarate, G. ([1997]/2009), *Compétence plurilingue et pluriculturelle: Vers un cadre européen commun de référence pour l'enseignement et l'apprentissage des langues vivantes*. Strasbourg: Éditions du Conseil de l'Europe. https://rm.coe.int/168069d29c

Durham Immigration Portal. (2016), *Durham immigration portal: Exploring the region of Durham through task-based learning*. https://www.dce.ca/en/student-services/resources/Synergies-Project/Living-in-English_Discovering-Durham.pdf

Gouvernement du Canada. (2023), Écriture inclusive : lignes directrices et ressources. *Canada.ca*. Consulté le 15 décembre 2023. https://www.noslangues-ourlanguages.gc.ca/fr/cles-de-la-redaction/ecriture-inclusive-lignes-directrices-ressources.html

Gygax, P., Zufferey, S. et Gabriel, U. (2021). *Le cerveau pense-t-il au masculin ?* Paris : Le Robert.

Haddad, R. ed. (2023). *L'écriture inclusive, et si on s'y mettait ?* Paris : Le Robert.

Hall, G. (2016), Method, methods and methodology: Historical trends and current debates. Dans G. Hall (ed.), *The Routledge handbook of English language teaching* (pp. 209–223). Routledge.

Hölscher, P., Piepho, H.E. et Roche, J. (2006), *Handlungsorientierter Unterricht mit Lernszenarien: Kernfragen zum Spracherwerb*. Oberursel: Finken Verlag. https://epub.ub.uni-muenchen.de/14135/1/14135.pdf

Hunter, D., Cousineau, D., Collins, G. et Hook, G. (2019), *Manuel de l'approche actionnelle*, Ottawa: l'Association canadienne des professeurs de langues secondes. https://www.caslt.org/fr/produit/manuel-aa/

Hunter, D., Piccardo. E. et Andrews, A. (2017), *Synergies: Établissement, intégration et apprentissage de la langue*. Durham District School Board, Continuing Education. https://www.dce.ca/en/student-services/resources/Synergies-Project/Synergies---French.pdf

Institut National de la Recherche Scientifique. (2023), *Inclusivement vôtre! Guide de rédaction inclusive*. 12 p. Consulté le 15 décembre 2023. https://inrs.ca/wp-content/uploads/2021/03/Guide-redaction-inclusive-inrs-vf.pdf

Kumaravadivelu, B. (2003), *Beyond methods: Macrostrategies for language teaching*. Yale University Press.

Liddicoat, A. J. et Derivry-Plard, M. (2021), Intercultural mediation in language and culture teaching and learning and the CEFR Companion Volume. *Recherches en didactique des langues et des cultures. Les cahiers de l'Acedle*, 18(18–1).

North, B., Piccardo, E., Goodier, T., Fasoglio, D., Margonis, R. et Rüschoff, B. (Eds.) (2022), *Enriching 21st century language education: The CEFR Companion Volume, examples from practice*. Strasbourg: Council of Europe Publishing. https://rm.coe.int/enriching-21st-century-language-education-the-cefr-companion-volume-in/1680a68ed0

Pauwels, A. (2014), The teaching of languages at university in the context of super-diversity. *International Journal of Multilingualism*, 11(3), 307–319.

Petrosino D. (2004), Pluralismo culturale, identità, ibridismo. *Rassegna Italiana di Sociologia*, XLV(3), 1–30.

Piccardo, E. (2010), L'enseignant, un stratège de la complexité: quelles perspectives pour la formation? Dans G. Baillat, D. Niclot, & D. Ulma (Eds.), *La formation des enseignants en Europe: approche comparative* (pp. 79-98). Bruxelles: de Boeck.

Piccardo, E. (2014), *Du communicatif à l'actionnel: un cheminement de recherche*. Curriculum Services Canada, Service des programmes d'études Canada. https://transformingfsl.ca/wp-content/uploads/2014/09/Du-communicatif_a_l_actionnel-Un_cheminement_de_recherche.pdf

Piccardo, E. et Hunter, D. (2017), Settlement, integration and language learning: Possible synergies. A task-based, community-focused program from the Region of Durham (Ontario, Canada). In Beacco et al (Eds.), *The linguistic integration of adult migrants* (pp. 175–180). Strasbourg: Council of Europe Publishing.

Piccardo, E., Lawrence, G., Germain-Rutherford, A. et Galante, A. (Eds.) (2022), *Activating linguistic and cultural diversity in the language classroom*. Springer.

Piccardo, E. et North, B. (2019), *The action-oriented approach: A dynamic vision of language education*. Multilingual Matters.

Porcelli, G. (2005), La glottodidattica come scienza interdisciplinare. *Synergies France* 4, 121–130.

Schleiss, M. et Hagenow-Caprez, M. (2017), "fide" – On the way to a coherent framework. In Beacco et al. (Eds.), *The linguistic integration of adult migrants* (pp. 175–180). Strasbourg: Council of Europe Publishing.

Terriennes. Isabelle Mourgère. (2023), Vers le bannissement de l'écriture inclusive. *TV5 Monde*. 31 octobre 2023. https://information.tv5monde.com/terriennes/vers-le-bannissement-de-lecriture-inclusive-2673540

Tibblin, J., Weijer, J. van de, Granfeldt, J. et Gygax, P. (2023). There are more women in jog-geur·euses than in joggeurs : On the effects of gender-fair forms on perceived gender ratios in French role nouns. *Journal of French Language Studies*, 33, 28–51.

Travaux publics et Services gouvernementaux Canada. (2023), La féminisation des noms de métiers. *Bureau de la traduction*. Consulté le 15 décembre 2023. https://www.btb.termiumplus.gc.ca/redac-chap?lang=fra&lettr=chapsect9&info0=9.2

Tudor, I. (2001), *The dynamics of the language classroom*. Cambridge: Cambridge University Press.

van Lier, L. (2007), Action-based teaching, autonomy and identity. *Innovation in Language Teaching and Learning*, 1(1), 1–19.

Viennot, E. (2014), *Non le masculin ne l'emporte pas sur le féminin. Petite histoire des résistances de la langue française*. Donnemarie-Dontilly : IXE.

Viennot, E. (2018), *Le langage inclusif : pourquoi, comment. Petit précis historique et pratique*. Donnemarie-Dontilly : IXE.

Viennot, E. (2023), Les accords de proximité. *Pour un langage non sexiste !* Consulté le 15 décembre 2023. http://www.elianeviennot.fr/Langue-proxi.html

Viswanathan, U. (2016), *Exploring the relationship between core French teachers' beliefs and their instructional practices.* (Doctoral dissertation). OISE/University of Toronto, Toronto. http://hdl.handle.net/1807/77424

Wittig, M. (2023). *Paris-la-politique et autres histoires.* Paris : POL.

Module I

Planifier l'année universitaire!

Bilan du module I

Scénarios	Mise en train et diagnostic	Réception, interaction, production et médiation	Observation et entraînement linguistiques	Regards pluriculturels, plurilingues et sociolinguistiques	Tâche finale
Scénario 1 Organiser la rentrée universitaire : trouver un logement	· Habiter seul ou en colocation ?	· Lire un bail et les règlements de la résidence universitaire · Découvrir le lexique de la vie en résidence · Écrire une lettre formelle · Remplir un formulaire de demande d'inscription · Décrire une chambre de résidence idéale	Grammaire · Le conditionnel présent Lexique · Les marqueurs de relation (la cause, la conséquence, l'addition et l'opposition)	· Découvrir le lexique de l'appartement au Québec	· Écrire une lettre de demande de logement pour la résidence à l'université
Scénario 2 Choisir un programme d'étude et des cours	· Études et profession de ses proches ?	· Participer à un test d'orientation professionnelle · Lire et prendre des notes pour faire un plan d'études · Remplir le formulaire du plan d'études · Donner des conseils sur le choix de programme · Interagir avec un conseiller pédagogique sur le choix des cours et sur ses projets professionnels	Grammaire · Le subjonctif (souhait, obligation) · Le futur proche et le futur simple · Les conjonctions temporelles Lexique · Les études professionnelles	· Découvrir les variétés d'utilisation des conjonctions temporelles dans différentes langues · Comparer les systèmes scolaires français et québécois	· Écrire un courriel pour expliquer ses choix de cours et de programme

Scénarios	Mise en train et diagnostic	Réception, interaction, production et médiation	Observation et entraînement linguistiques	Regards pluriculturels, plurilingues et sociolinguistiques	Tâche finale
Scénario 3 Utiliser des stratégies pour éviter la procrastination	• Ai-je tendance à procrastiner ?	• Lire un article sur les causes et les effets de la procrastination • Créer une carte mentale • Faire un résumé de lecture • Discuter des stratégies pour éviter la procrastination • Lire un article sur les conseils pour réussir l'année universitaire • Lire un article sur les meilleures musiques pour se relaxer	Grammaire • Si + présent ou passé composé, présent/futur proche/futur simple/impératif Lexique • La santé mentale	• Pour se relaxer, Ed Sheeran, Adele ou la musique classique ?	• Faire une présentation sur les habitudes et les stratégies pour éviter la procrastination
Scénario 4 Se préparer pour la période d'examens	• À quoi servent les examens ?	• Lire un article sur les stratégies pour gérer le stress des examens • Faire un compte-rendu de lecture • Donner son opinion sur la compétition sociale lors d'un débat en classe	Grammaire • Si + présent, impératif/futur • Si + imparfait, conditionnel • Les phrases hypothétiques formulées avec des prépositions ou des conjonctions Lexique • L'évaluation et la compétition dans la société	• Découvrir les variétés de formulation (conditionnel, prépositions ou conjonctions) des hypothèses dans différentes langues	• Faire un compte rendu de lecture sur le thème du stress des examens ou sur le thème de la compétition sociale

Projet de fin de module I
Je prépare une présentation et une animation d'un débat public.

Langage inclusif

Tableau récapitulatif de l'écriture inclusive dans le bilan du module I

	Forme au masculin	Forme au féminin	Forme inclusive de toutes les identités de genre et sans hiérarchie entre les genres
Mots qui représentent une identité de genre (noms, déterminants, adjectifs, participes passés, pronoms, etc.)	1. *seul*	1. *seule*	1. *seul·e*
	2. *au*	2. *à la*	2. *au·à la*
Noms de professions et de métiers	3. *conseiller*	3. *conseillère*	3. *conseiller·ère*

SCÉNARIO 1
Organiser la rentrée universitaire : trouver un logement

Vous êtes **accepté** par l'Université Laval et vous commencerez vos études universitaires en septembre. En tant qu'**étudiant** de première année, vous allez habiter en résidence. Il vous faudra ainsi faire une demande d'inscription pour la résidence. Vous lirez le bail et les règlements, vous déciderez du type de chambre, vous remplirez le formulaire d'inscription et vous écrirez une demande de logement à la résidence de l'université.

Descripteurs

- ❏ Je peux répondre à un questionnaire sur mon type de logement préféré.
- ❏ Je peux lire un bail et les règlements de la résidence et comprendre les idées essentielles.
- ❏ Je peux visionner une vidéo sur la vie étudiante et y relever le vocabulaire spécifique au logement en résidence.
- ❏ Je peux reconnaître le vocabulaire du logement au Québec.
- ❏ Je peux me renseigner sur la résidence universitaire à l'oral et à l'écrit, en suivant les conventions principales de politesse et en utilisant les marqueurs de relation.
- ❏ Je peux remplir un formulaire de demande d'inscription à la résidence.
- ❏ Je peux décrire ma résidence idéale en utilisant le vocabulaire lié à la résidence et les marqueurs de relation.
- ❏ Je peux rédiger une lettre simple de demande de logement.

Mise en train et diagnostic

Questionnaire – Est-ce que je préfère habiter **seul** ou en colocation ?

1 Avez-vous un budget pour le logement ? Si oui, combien voulez-vous payer par mois ?

2 Préférez-vous passer du temps avec vos **amis** ou rester **seul** après les cours ?

3 Est-ce que cela vous dérange de partager le salon et la salle de bain avec une autre personne ?

4 Avez-vous des frères et des sœurs ? Vous entendez-vous toujours bien avec eux ?

5 Aimeriez-vous vous faire de **nouveaux amis** ?

Module I • Planifier l'année universitaire !

Étape 1 (réception écrite)
Lire un bail et les règlements de la résidence universitaire

- Je visionne les règlements des résidences de l'Université Laval à la page suivante.
- Je réponds aux questions « Vrai ou faux ? » pour vérifier si j'ai bien compris le document.
- J'analyse les avantages et les inconvénients de la vie en résidence en répondant aux questions de réflexion.

Vrai ou faux ?

Dites si les phrases suivantes sont vraies ou fausses, et justifiez chaque réponse avec une phrase du texte.

Modèle
Les étudiants peuvent louer une chambre de résidence en été.
Réponse : Vrai.
Justification : « Que vous poursuiviez des études ou non pendant l'été, vous pouvez prendre une entente de location estivale du 1er mai à la mi-août. »

1. Seuls les étudiants à temps plein peuvent louer une chambre de résidence.
2. La durée du contrat est de huit mois.
3. L'université accepte trois modes de paiement du loyer.
4. Le locataire est responsable de ses biens personnels.
5. Il est obligatoire de souscrire une assurance habitation.
6. La consommation de boissons alcooliques est permise partout dans les résidences.

Questions de réflexion sur le bail

1. Énumérez trois éléments indispensables dans un bail.
2. Selon le bail de l'Université Laval, quelle est la première obligation en tant que locataire ?
3. Quand l'augmentation de loyer entre-t-elle en vigueur ?
4. Parmi tous les modes de paiement acceptés à l'Université Laval pour le loyer, lequel préférez-vous ? Pourquoi ?
5. Énumérez trois activités interdites dans les résidences.

UNIVERSITÉ LAVAL
Services des résidences

Bail

Vous devez étudier à temps plein ou être stagiaire à l'Université Laval pour pouvoir louer une chambre au Service des résidences au cours des sessions d'automne et d'hiver, soit de septembre à avril. Pour l'étudiant à temps complet, la location d'une chambre implique de signer un bail. La signature d'un bail comporte certaines obligations, dont celles de comprendre et de se conformer aux règles, aux modalités et aux politiques en vigueur. L'augmentation de loyer entre en vigueur le 1er mai de chaque année.

Durée du bail

Le bail s'échelonne sur 8 mois, du 1er septembre au 30 avril inclusivement.

Si vous amorcez vos études en janvier, le bail s'échelonne sur 4 mois, soit du 1er janvier au 30 avril inclusivement. Que vous poursuiviez des études ou non pendant l'été, vous pouvez prendre une entente de location estivale du 1er mai à la mi-août.

Paiement du loyer

En tant que locataire, votre 1ère obligation consiste à payer le loyer le 1er jour de chaque mois. Vous recevrez chaque mois un courriel accompagné de votre état de compte. Si, pour une raison ou une autre, vous ne recevez pas votre état de compte, vous êtes tout de même responsable de transmettre le paiement de votre loyer dès le 1er jour du mois.

Plusieurs modes de paiement du loyer sont acceptés :
- Internet
- Chèque
- Argent comptant
- Débit

Assurances

Chaque locataire est responsable de ses biens personnels ainsi que des dommages ou des blessures qu'il pourrait causer involontairement aux autres ou à leurs biens.

Souscrire une assurance habitation

Il est de votre responsabilité de souscrire une assurance habitation couvrant vos biens ainsi qu'une assurance responsabilité civile suffisante, notamment :
- en prenant des arrangements pour faire ajuster le contrat d'assurance familiale
- en négociant un contrat d'assurance habitation et d'assurance responsabilité civile auprès de la compagnie de votre choix

Module I • Planifier l'année universitaire !

Politiques et règlements

Vivre en résidence signifie partager des services et accepter des règles de vie pour assurer la qualité du séjour de chacun. Afin de promouvoir la qualité de vie et d'assurer le respect des libertés individuelles, chaque personne est appelée à se conformer à la règlementation liée au bail.

A. Le locataire s'engage en tout temps à ne jouir des lieux loués que pour lui-même, à ne s'y livrer qu'à des activités de nature à respecter les libertés individuelles, la tranquillité et l'ordre requis au bien-être des autres locataires.

B. Aucune arme ou arme factice, substance inflammable, explosive, corrosive ou autrement dommageable ne peut être conservée dans les lieux loués.

C. La culture, la possession, la consommation, ou le trafic de drogue ou autres activités illicites sont formellement interdites dans les résidences.

D. Être en état d'ébriété ou avoir un comportement causant du dérangement en raison de la consommation d'alcool ou de cannabis est prohibé en résidence.

E. La consommation responsable de boissons alcooliques est permise exclusivement dans les chambres et aux cuisines. Les jeux d'alcool sont interdits.

F. Le locataire s'engage à respecter les règlements et politiques de l'Université, lesquels sont considérés comme faisant partie intégrante du bail ou de l'entente de service. Cela inclut notamment : – la Politique pour prévenir et combattre les violences à caractère sexuel à l'Université Laval ; – la Politique pour un environnement sans fumée de l'Université Laval. Conformément à la politique institutionnelle, les parties communes ainsi que les chambres des résidences sont considérées comme étant non-fumeurs (tabagisme, vapotage, chicha, drogue, etc.) ; – la Politique sur le cannabis à l'Université Laval. Conformément à la politique institutionnelle, il est interdit de fumer du cannabis dans tout lieu universitaire, incluant les résidences. À titre informatif, l'âge légal pour la consommation de cannabis au Québec est maintenant de 21 ans.

G. Tout genre de commerce et sollicitation, ainsi que les jeux à l'argent, sont interdits dans les résidences.

H. L'utilisation de bicyclette, de trottinette, de patins à roues alignées, de planche à roulettes et autres équipements récréatifs de déplacement est interdite à l'intérieur des quatre pavillons.

Source : https://www.residences.ulaval.ca/futurs-residents/conditions-de-location/

Discussion

En petits groupes et à tour de rôle, nous répondons aux questions suivantes à l'oral en nous basant sur notre expérience, nos préférences et le document que nous venons de lire.

1. Avez-vous déjà habité dans une résidence universitaire ?
2. À votre avis, quels sont les avantages d'habiter dans une résidence ?
3. Y a-t-il des désavantages ?
4. Si vos parents habitent dans la ville où vous faites vos études universitaires, préférez-vous habiter chez vos parents, en résidence, ou louer une chambre ou un appartement hors campus ? Pourquoi ?

Étape 2 (réception orale et écrite)
Chercher un logement

Activités lexicales

Je regarde la vidéo sur la vie étudiante en résidence à l'Université Laval (https://www.youtube.com/watch?v=hy-htbrfi7M) et je remplis le tableau suivant :

Vocabulaire lié à la vie en résidence

Logement	Meubles (notez au moins cinq termes que vous entendez)	Appareils électroniques (notez au moins quatre termes que vous entendez)	Salles et service (notez au moins dix termes que vous entendez)	Rituels du courriel et de la lettre formelle pour se renseigner
Hébergement Emménagement Déménagement Bail Règlement(s) Loyer Commodités Assurance personnelle …				J'aimerais savoir… Puis-je savoir… Est-ce que je pourrais…

Remplissez les phrases suivantes avec les mots de vocabulaire ci-dessus.

1. Depuis janvier, plus de cent familles ont emménagé dans des résidences à _____ modéré.

2. Je fais mes études dans une nouvelle ville et j'aimerais trouver un _____ près de l'université.

3. Je lis le _____ attentivement avant de le signer.

4. La vaste gamme de services et de _____ offerts aux résidences et sur le campus répondent à tous les besoins des étudiants.

10 | Module I · Planifier l'année universitaire !

5. Le coût d'un _____ étudiant est difficile à estimer précisément et dépend de plusieurs facteurs : le volume à déménager, la distance à parcourir, le temps nécessaire et les services complémentaires.

6. Les locataires des résidences sont **appelés** à lire les politiques et _____ en vigueur au Service des résidences et à en respecter les conditions.

7. Lors d'un _____, je souscris à un abonnement Internet.

8. Tous les footballeurs professionnels souscrivent une _____ qui les couvre à la fois sur le terrain et dans leur vie privée.

9. Je peux recevoir des **amis** dans le _____ de la résidence.

10. Je peux faire à manger dans la _____.

11. Je lave mes vêtements dans la _____.

12. Je prends une douche dans une _____.

13. Chaque **résident** possède un _____ et le courrier y est distribué tous les jours.

Répondez aux questions suivantes.

1. Nommez cinq meubles indispensables à votre chambre de résidence.
2. Nommez trois appareils électroniques que vous utilisez quotidiennement.
3. Quel type de chambre de résidence préférez-vous ? Pourquoi ?

Je me renseigne sur une chambre de résidence avec le vocabulaire ci-dessus.

Modèles

- **J'aimerais savoir** comment se fait le paiement du loyer.
- **Est-ce que je pourrais** renouveler pour l'année scolaire suivante ?
- **Puis-je savoir** si la chambre est équipée d'un four à micro-ondes ?

Fait plurilingue : Le petit lexique du logement au Québec

Jeu de rôle plurilingue

À Montréal, votre **ami** francophone et vous-même avez décidé d'habiter en colocation. Mais vous ne vous entendez pas sur le type de logement et sur le niveau de confort souhaité. Mettez-vous d'accord en utilisant le lexique disponible dans le document suivant.

Exemple
Vous voulez une salle de bains privée et votre **ami** pense que votre budget ne le permet pas.

Vous commencez vos recherches pour louer un appartement ?
Au Québec, il existe quelques particularités pour décrire et définir les termes dans le milieu de l'habitation.
Pour vous aider à démêler le tout, bien comprendre les petites annonces et éviter les surprises,
Kangalou vous propose un lexique avec les principaux termes et abréviations fréquemment utilisés pour la location de logement.

1½, 2½, 3½, etc.: désigne le nombre de pièces de l'appartement (la mention « ½ » représente la salle de bain). Par exemple, un 4½ possède 2 chambres à coucher, une cuisine, un salon et une salle de bain. Le nombre de chambres varie selon la grandeur.
Bachelor: logement situé au sous-sol ou au demi-sous-sol d'une maison unifamiliale.
Chambre: location d'une chambre avec accès à certains espaces (parfois communs) comme la salle de bain, la cuisine et parfois même le salon.
Colocation: location d'un même appartement par plus d'un locataire.
Commercial: espace locatif qu'il est possible de louer pour ouvrir un commerce.
Condo: Le terme « condo », ou « condominium », désigne un appartement régi par une déclaration de copropriété. Le logement appartient au propriétaire, tandis que les parties communes sont en copropriété.
Duplex/triplex/quadruplex/quintuplex: propriété qui possède 2, 3, 4, 5 logements.
HLM: Habitation à loyer modique offerte aux personnes ou aux familles à faible revenu. L'immeuble est détenu ou subventionné par la Société d'habitation du Québec et administré par l'Office municipal d'habitation de votre région.
Loft: logement aménagé souvent dans une ancienne usine, atelier ou entrepôt avec peu de murs. Généralement, ce type d'appartement est à espace ouvert.
Maison de ville: plusieurs maisons jumelées « en rangée » partageant plusieurs murs avec les maisons voisines.
Maisons en rangées: Maison individuelle qui appartient à une rangée continue de plus de deux maisons adjacentes, reliées entre elles par les murs latéraux mitoyens, et qui possède au moins une entrée privée donnant sur la rue.
Maison usinée: Maison fabriquée en usine et prête à être assemblée sur place.

Types d'habitation

Multilogement: immeuble de 6 logements et plus.
Pieds carrés ou pi²: la surface des appartements est généralement donnée en pieds carrés (pi²). Pour convertir en mètres carrés, multipliez la surface par 0,092. Exemple : pour un appartement de 1000 pi² = 1000 X 0,092 = 92 m².
Résidence étudiante: logement spécialement conçu pour les étudiants. L'appartement se trouve généralement à proximité d'un établissement scolaire et peut proposer des services ou des parties communes.
Résidence pour aînés: immeuble d'habitation collectif spécialement conçu pour les personnes âgées autonomes ou semi-autonomes. Les services varient selon les résidences et les habitations doivent correspondre aux normes et conditions gouvernementales.
Rez-de-chaussée: appartement situé au niveau du sol ou de la rue.
Rez-de-jardin: appartement situé dans un demi-sous-sol.
Semi/demi-sous-sol: Logement situé au sous-sol d'un immeuble. Il possède des fenêtres et une partie significative de la hauteur se situe au-dessus du niveau du sol.
Semi-détaché: deux maisons jumelées partageant un même mur.
Sous-sol: le logement se situe au sous-sol (souvent moins cher, mais il peut être plus froid, humide et sombre).
Studio: comme le 1½, c'est un petit appartement qui possède une grande pièce principale. La chambre est aussi le salon. Idéal pour une personne.

Caractéristiques

Câble: service d'abonnement au câble TV (ou télévision).
Chauffé/non chauffé: inclusion ou exclusion des frais de chauffage dans le coût du loyer.
Commodités: équipements nécessaires pour votre logement (cuisinière, four à micro-ondes, gaz/mazout/électricité, télévision par câble/service téléphonique/Internet/réservoir d'eau chaude). Les coûts peuvent être entièrement ou partiellement compris dans le loyer mensuel.
Éclairé: le coût de l'électricité est inclus dans le loyer.
Locker: espace de rangement situé à l'intérieur ou à l'extérieur de l'immeuble.
Meublé, semi-meublé: parfois le logement inclut la location des meubles et électroménagers.
Meublé: l'appartement est équipé de divers meubles et électroménagers
Non-fumeur ou NF: interdiction de fumer.

Source : https://www.kangalou.com/blog/fr/le-petit-lexique-de-lappartement-au-quebec/

Étape 3 (réception et production écrite)
La lettre formelle

J'apprends les techniques et formules de rédaction administrative.

• J'utilise une formule d'appel pour commencer mon message.	Bonjour Monsieur/Bonjour Madame/Bonjour Monsieur, Madame
• J'explique la raison pour laquelle j'écris la lettre/le message.	
• J'énonce un problème.	
• Je demande des renseignements.	
• Je termine avec une formule de politesse.	Cordialement/Bien cordialement/Sincères salutations/Veuillez agréer, Monsieur/Madame, l'expression de mes sentiments les meilleurs/Je vous remercie d'avance de votre réponse et vous prie d'agréer, Monsieur, l'assurance de mes sentiments distingués
• Je signe la lettre.	

Disposition de la lettre

- Les marges supérieure et inférieure, ainsi que les marges latérales, sont généralement de quatre centimètres. Une marge de gauche plus large peut toutefois être utile pour que le ou la destinataire puisse y inscrire des annotations.
- Les lettres sont généralement tapées à simple interligne ; toutefois, une lettre très courte peut être tapée à interligne et demi pour que le texte remplisse mieux la surface de la page.
- Les lettres peuvent être justifiées à droite ou ne pas l'être ; dans tous les cas, il faut veiller à la bonne répartition des mots et des blancs.
- On adopte une seule police de caractères par lettre et on peut adapter sa taille (ou corps) à la longueur du texte, entre 10 et 14 points.

Compréhension de l'écrit

Je lis un échange de lettres entre une étudiante et la résidence, et je coche les bonnes réponses.

Bonjour, Monsieur/Madame,

Je vous écris parce que je commencerai ma première année à l'Université Laval en septembre et j'**aimerais** faire une demande d'inscription pour la résidence. Je **souhaiterais** donc savoir combien coûte le loyer par mois, et quelle sera la date limite pour faire une demande.

Veuillez agréer, Monsieur/Madame, l'expression de mes sentiments les plus distingués.

Sandrine Legal

Bonjour Mme Legal,

Vous trouverez ci-jointes les informations sur le loyer.
Vous verrez que cela dépend du type de chambre que vous voudriez choisir. Le loyer d'une chambre simple sera de 373 $ par mois et celui d'une chambre double, de 420 $.

La date limite pour faire la demande est le 1er mai. Mais si vous choisissez une chambre simple, je vous **conseillerais** de soumettre votre demande le plus vite possible, car il y a moins de chambres simples, et elles **pourraient** être vite prises.

Bien cordialement,

L'équipe de la Résidence de l'Université Laval

---

1. Sandrine écrit à la résidence pour...
    a) savoir si elle peut faire une demande de résidence.
    b) connaître le loyer.
    c) connaître la date limite pour faire une demande.

2. Combien coûte le loyer de la résidence par mois ?
    a) 373$
    b) 420$
    c) cela dépend du type de chambre.

3. Si Sandrine veut réserver une chambre simple, quand doit-elle soumettre sa demande ?
    a) avant le 1er mai.
    b) avant septembre.
    c) le plus vite possible.

Activités grammaticales

Le conditionnel de politesse
J'apprends les formes et les emplois du conditionnel présent.

Le conditionnel présent

Emplois
On utilise le conditionnel présent pour :

- demander quelque chose poliment (avec les verbes pouvoir, souhaiter, vouloir, préférer, aimer, etc.) ;
- donner un conseil (avec les verbes falloir, devoir, être, etc.) ;
- donner une information incertaine (avec tous les verbes).

Il est formé avec :

- le radical du _____ (devr-, pourr-, ser-) ;
- les terminaisons de _____ (-ais, -ais, -ait, -ions, -iez, -aient).

Activité : *Un ami* me demande de l'aider à rédiger une lettre pour s'inscrire à la résidence universitaire. J'utilise le conditionnel présent dans la lettre et j'inclus les éléments suivants :

- Quand les inscriptions commencent-elles ?
- Quels sont les types de chambre ?
- Quel est le montant du loyer ?

Les marqueurs de relation
- Je repère les marqueurs de relation employés dans l'échange de lettres entre Sandrine et la résidence de l'Université Laval.
- J'apprends les marqueurs de relation suivants.

Connecteurs exprimant

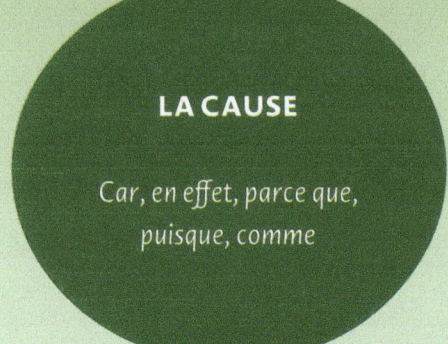

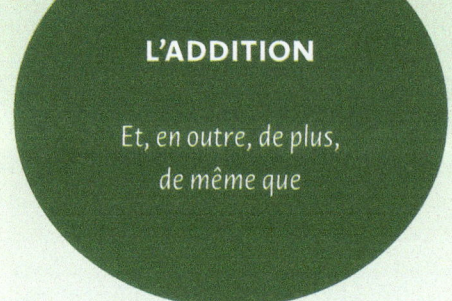

LA CAUSE
Car, en effet, parce que, puisque, comme

LA CONSÉQUENCE
Donc, ainsi, c'est pourquoi, si bien que, de sorte que

L'ADDITION
Et, en outre, de plus, de même que

L'OPPOSITION
Mais, or, pourtant, cependant, bien que, même si

Modèles
- Je déclare avoir lu toutes les conditions de ce bail et je m'engage ainsi à assurer le paiement du loyer.
- Tu peux quitter ton logement pendant un bail, pourtant non sans observer la procédure établie.
- J'envisage de sous-louer mon appartement, puisque je dois m'absenter du logement pendant six mois pour des raisons professionnelles.

Activité : Maintenant, je retravaille la lettre que j'ai écrite pour mon ami en y ajoutant au moins trois marqueurs de relation.

Étape 4 (production écrite)
Réinvestir les connaissances

Je remplis un formulaire de demande d'inscription.

Je vais commencer ma première année à l'Université Laval. Maintenant, je remplis le formulaire de demande d'inscription pour la résidence.

Demande de location de chambre étudiante à temps complet

❒ Pour les sessions d'automne 2021 et d'hiver 2022 (Bail de 8 mois sans literie à 373 $ par mois)
❒ Pour la session d'hiver 2022 (Bail de 4 mois literie à 373 $ par mois)

Je suis :
❒ Un homme   ❒ Une femme
J'ai déjà habité les résidences ou fait une demande pour y habiter : ❒ Oui ❒ Non
Je préfère recevoir la majorité de mes communications en : ❒ Français ❒ Anglais
Je préfère habiter un pavillon pour femme seulement : ❒ Oui ❒ Non

*Nous ne pouvons garantir le respect de toutes ces préférences.

Nom de famille _____
Prénom(s) _____
Numéro et nom de la rue/Boîte postale _____
N° d'appartement _____
Ville _____
Province _____
Pays _____
Code postal _____
Téléphone 1 _____
Téléphone 2 _____
Date de naissance (AAAA-MM-JJ) _____
Nationalité _____
Courrier électronique personnel _____
Numéro d'identification études (NI) _____
Identifiant unique Laval (IDUL) _____
Courrier électronique ULAVAL _____
En apposant ma signature,

Scénario 1 • Organiser la rentrée universitaire : trouver un logement

☐ j'affirme que les renseignements personnels donnés dans le présent document sont complets et exacts ;
☐ je consens à ce que les renseignements qui y sont fournis soient utilisés pour le traitement de ma demande de résidence et la gestion de mon dossier et conservés pour la durée nécessaire aux fins pour lesquelles ils ont été demandés ;
☐ je reconnais avoir pris connaissance des règlements, des modalités et politiques de location, des addendas particuliers s'il y a lieu et des informations contenues dans le présent document « Un chez-soi sur le campus », et j'accepte les conditions s'y rattachant ;
☐ je reconnais également que je devrai entériner un bail conforme aux dispositions du Règlement sur les formulaires de bail obligatoires et sur les mentions de l'avis au nouveau locataire.

Le défaut de signer le bail dans les trois jours qui suivent la date d'arrivée indiquée dans le Formulaire 2 confère à l'Université Laval le droit de déclarer et de considérer la démarche de location de chambre caduque et de nul effet sans aucun recours contre cette dernière et le tout sous réserve des conditions prévues dans les Modalités et politiques.

L'Université Laval veille à la protection des renseignements personnels et au respect de la vie privée des membres de sa communauté. La relation entre vous et l'Université Laval est régie par le droit québécois et le droit canadien qui s'applique au Québec. Pour plus d'information sur la confidentialité des informations et sur les demandes d'accès, consultez notre page « Avis de confidentialité ».

Signature : _____

Date : _____

Consentements et autres informations

Nom de famille : _____   Prénom : _____

Assurances
J'ai été informé, à la section « Autres services et conditions du bail » au point G des Règlements du Service des résidences de l'Université Laval, que je dois souscrire à une assurance habitation qui couvre mes biens ainsi que ma responsabilité civile.
Signature : _____   Date : _____

Confidentialité

Le Service des résidences souhaite obtenir de votre part l'autorisation de divulguer vos coordonnées (nom, prénom et numéro de téléphone). Choisir la confidentialité implique que personne (parent, ami, professeur, employeur) ne pourra obtenir votre poste téléphonique, même si la personne l'a simplement égaré. L'omission de signer est considérée comme une autorisation de divulguer vos coordonnées.

Faites un choix parmi les deux options suivantes, puis signez et inscrivez la date.
❑ J'accepte que mes coordonnées soient partagées (N)
❑ Je n'accepte pas que mes coordonnées soient partagées (Y)
Signature : _____   Date : _____

Dates d'arrivée et de départ prévues

Je prévois :
❑ Quitter ma chambre avant terme du bail, environ le _____
❑ Quitter ma chambre au terme du bail le 1er mai 2022
❑ Prendre une entente de location estivale pour l'été 2022 en tout ou en partie
❑ Reconduire mon bail pour l'année scolaire 2022-2023

Situation de handicap ou condition de santé

Si vous vivez une situation de handicap ou avez une condition de santé particulière et que vous jugez pertinent de nous en informer, nous vous invitons à le mentionner ci-dessous. Au besoin, nous entrerons en contact avec vous afin d'obtenir des précisions en lien avec votre demande d'hébergement.

Situation de handicap ou condition de santé : _____

Si votre situation implique des besoins particuliers, il est de votre responsabilité de nous contacter afin de savoir si nous sommes en mesure d'y répondre.
Si vous avez besoin d'accommodation ou de service en appui à votre cheminement universitaire en rapport avec cette situation, nous vous invitons également à contacter le Centre d'aide aux étudiants de l'Université Laval (www.aide.ulaval.ca) à l'adresse : acsesh@aide.ulaval.ca.

Paiement du dépôt de réservation de chambre par carte de crédit

Réservé aux étudiants vivant hors du Canada et des États-Unis
J'autorise le Service des résidences à prélever sur ma carte de crédit un montant de _____ $.
❑ Visa
❑ Mastercard
Signature : _____   Date : _____

Source : https://www.residences.ulaval.ca/fileadmin/documents/Formulaire-reservation-etudiant-temps-complet.pdf

Activité 1 : Dessinez une image idéale de votre future résidence. Décrivez celle-ci en au moins 12 phrases, en utilisant le vocabulaire lié à la résidence et les marqueurs de relation :

Activité 2 : Vous allez habiter dans une chambre simple. Décrivez les meubles et les objets que vous aimerez y mettre.

Activité 3 : Votre pavillon comprendra une cuisine commune et des terrasses. Décrivez les équipements et les installations extérieures qui vous plaisent. Vous pourriez vous inspirer de la description sur cette page web : residences.ulaval.ca/salons-et-aires-communes/.

Faire le point

- Rapport d'apprentissage (autoréflexion sur le progrès accompli)
- Je réagis : Maintenant que j'ai réalisé toutes les activités de ce scénario, je fais part de mes commentaires à **mon professeur** sur :
    - ce que j'ai préféré faire comme activité ;
    - ce que j'ai appris ;
    - ce que je savais déjà ;
    - ce que j'aurais aimé ne pas avoir à faire et pourquoi.
- J'écris un rapport sur mon expérience pendant le déroulement du scénario 1 (apprentissages et autoréflexion sur les progrès accomplis)

Tâche finale (production écrite)

Écrire une lettre de demande de logement pour la résidence à l'université.

Ce que je dois faire pour réussir la tâche finale :

- Je consulte le site web des résidences de l'Université Laval pour décider le type de logement de mon choix et la durée du contrat ;
- Je relis le bail et les règlements pour voir si j'ai des questions à poser dans la lettre ;
- J'utilise le vocabulaire lié à la vie en résidence appris dans ce scénario ;
- J'utilise le conditionnel de politesse et les formules de rédaction administrative apprises dans ce scénario ;
- Je remplis le formulaire d'inscription pour la résidence ;
- J'écris une lettre de demande de logement.

Ce que je dois rendre pour l'évaluation de la tâche finale :

- La lettre de demande de logement ;
- Le formulaire d'inscription rempli.

Scénario 1 · Organiser la rentrée universitaire : trouver un logement | 21

Langage inclusif

Tableau récapitulatif de l'écriture inclusive dans le scénario 1 du module I

	Forme au masculin	Forme au féminin	Forme inclusive de toutes les identités de genre et sans hiérarchie entre les genres
Mots qui représentent une identité de genre (noms, déterminants, adjectifs, participes passés, pronoms, etc.)	1. accepté	1. acceptée	1. accepté·e
	2. seul/seuls	2. seule/seules	2. seul·e/seul·e·s
	3. ami/amis	3. amie/amies	3. ami·e/ami·e·s
	4. nouveaux	4. nouvelles	4. nouveaux·elles
	5. appelés	5. appelées	5. appelé·e·s
	6. résident	6. résidente	6. résident·e
	7. le	7. la	7. le·la
Noms de professions et de métiers	8. étudiant/étudiants	8. étudiante/étudiantes	8. étudiant·e/étudiant·e·s
	9. professeur	9. professeure	9. professeur·e

Bravo, vous avez terminé le scénario 1 du module I !

SCÉNARIO 2
Choisir un programme d'étude et des cours

> Vous postulez pour étudier dans une université canadienne en septembre prochain. C'est le moment de choisir votre programme, mais vous devez décider lequel. Vous allez parler à vos proches, faire un test d'orientation, lire un article sur les programmes qui offrent le plus de débouchés au Canada, écouter les conseils des autres **étudiants** et entretenir une conversation avec **un conseiller** pédagogique. Vous réfléchirez à toutes les informations obtenues lors de ce processus, vous prendrez une décision et vous écrirez un courriel à **un ami** pour lui faire part de vos choix de programme et de cours.

Descripteurs

- ❏ Je peux répondre à un questionnaire sur les études et la profession de mes proches.
- ❏ Je peux lire un test d'orientation et répondre aux questions pour obtenir des conseils sur ma carrière.
- ❏ Je peux lire un article sur les programmes universitaires les plus populaires au Canada et y relever du vocabulaire lié aux programmes universitaires et aux métiers.
- ❏ Je peux remplir un formulaire de plan d'études.
- ❏ Je peux visionner une vidéo qui prodigue des conseils sur les choix de programmes universitaires et y relever les informations essentielles.
- ❏ Je peux intervenir dans un dialogue de cinq minutes avec un **autre étudiant** pour demander et offrir des conseils généraux sur les choix de programme.
- ❏ Je peux intervenir dans une conversation avec **un conseiller** pédagogique pour lui poser des questions sur les choix de programme et de profession.
- ❏ Je peux relever les différences entre le système scolaire français et québécois dans un tableau comparatif.
- ❏ Je peux exprimer des souhaits et des obligations.
- ❏ Je peux exprimer des faits à venir.
- ❏ Je peux écrire un courriel à **un ami** pour expliquer clairement mes choix de cours et de programme, en m'appuyant sur l'analyse de toutes les informations obtenues pendant mes recherches.

Mise en train et diagnostic

Questionnaire – Études et profession de ses proches ?

1 Que font vos membres de famille comme profession ?

2 Quelles études ont-ils faites ?

3 Les membres de votre famille aiment-ils leurs professions ?

4 Pensez-vous que l'éducation universitaire est indispensable pour trouver un bon emploi ? Justifiez votre réponse avec un ou deux exemples tirés de l'expérience de vos proches.

Étape 1 (réception audiovisuelle)
Chercher des informations pour déterminer quelles études pour quel avenir professionnel

- Je vais sur le site web suivant et je participe à un test d'orientation ludique pour trouver quelle carrière est faite pour moi : https://www.guichetemplois.gc.ca/planification-carriere/questionnaires.

- Je donne mon opinion sur le résultat de ce test et je compare avec mes partenaires, puis nous nous regroupons en fonction de la différence des profils et nous expliquons nos réponses.

- Je réfléchis : vais-je suivre le conseil du test d'orientation, ou suivre le chemin emprunté par un membre de ma famille, ou plutôt suivre ma passion ? Pourquoi ?

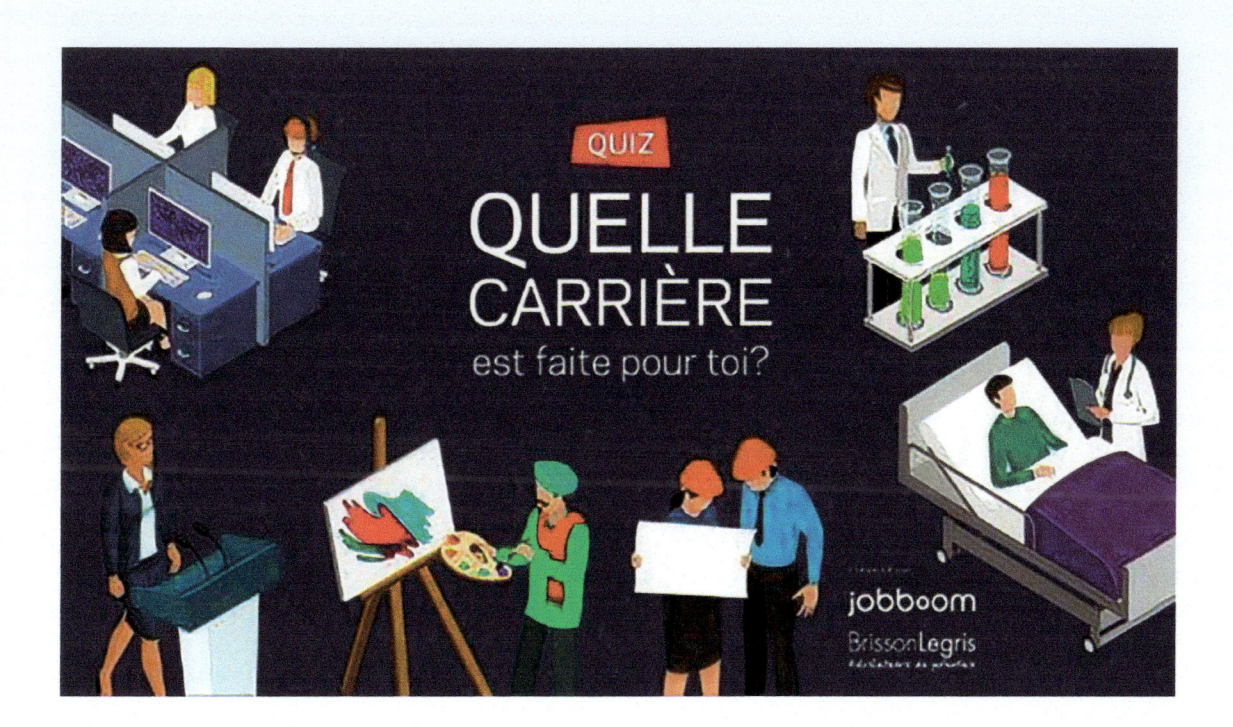

Étape 2 (médiation à l'écrit et activité interactionnelle)
Faire un plan d'études

Activités lexicales

Vocabulaire lié aux études professionnelles (sciences comptables, sciences juridiques, sciences de la santé, sciences politiques, ingénierie, aéronautique et génie aérospatial, etc.)

- Je lis l'article « Les 10 programmes universitaires qui ont le plus de débouchés » et je prends des notes sur le vocabulaire lié aux programmes et aux métiers.

Les 10 programmes universitaires qui ont le plus de débouchés

En ce moment, on baigne dans les demandes collégiales et universitaires. Si t'es en ce moment aux études et que t'es pas dans le bassin à graduer du secondaire ou du cégep, j'imagine que tu vas devenir assez vite écoeuré des statuts types que tu risques de trouver sur Facebook "Acceptée en *insérer le nom du DEC ou du baccalauréat* à *insérer le nom du cégep ou de l'université*"...

Aujourd'hui, c'est la veille de la plupart des dates limites pour les admissions à l'université. Faque, techniquement, si tu viens de te rendre compte que ton programme était pas vraiment le bon pour toi, ben c'est techniquement pas encore trop tard pour changer d'idée !

Parce que le taux de placement est un facteur que tu ne devrais pas négliger dans ta demande, voici 10 des programmes universitaires qui ont le plus de débouchés pour les diplômés au Québec.

En ressources humaines : 97 %
Agent d'avantages sociaux, conseiller en santé et en sécurité du travail, représentant syndical, gestion de carrière... En plus d'avoir un assez bon taux de placement, plus d'une option de carrière que tu peux occuper grâce à ce bac s'offre à toi !

En administration des affaires : 100 %
Tsais quand t'es assuré d'avoir une job en sortant de l'université, ben j'pense que tu peux te dire que t'as fait un choix plus que pas pire. Si tu sais pas trop ce que ça donne comme futures jobs possibles, entre autres, tu peux être directeur, gestionnaire, gérant, superviseur, chargé de projet, consultant ou chef d'équipe... Comme tu t'en doutes, les possibilités sont assez vastes.

En finance : 88%
L'argent et toi, ça fait un ? Tu te sens attiré vers le monde de la bourse comme si t'étais un aimant ? Choisir le bac en finance serait une assez bonne option pour toi, surtout quand tu sais que t'as pas mal de possibilités de trouver une job vu le taux d'emploi aussi élevé...

En Informatique : 86%
Les informaticiens peuvent travailler en tant que consultant ou en tant qu'employé (ayant vu mon père occuper les deux genres de postes, je peux te dire que le premier a l'avantage d'être mieux payé et le deuxième d'avoir une meilleure stabilité d'emploi) dans des PME, des compagnies de conception de jeux vidéo ou encore pour le gouvernement !

En sciences infirmières : 90%
J'imagine que tu le sais, mais la technique existe déjà et a aussi un assez bon taux de placement. Par contre, si t'es tanné du cégep/si tu veux un bac dans ce domaine et non une technique, te rendre à l'université est une tout aussi bonne idée vu que tu risques de te trouver une job en sortant assez facilement...

En pratique sage-femme : 92%
Honnêtement, j'pense que j'ai pas besoin de préciser ce que ça fait, right ? Si t'aimes les bébés, tu trouves qu'un accouchement est un moment magique et tu as envie de vivre ce moment magique chaque jour, ben c'est ta job p-a-r-f-a-i-t-e.

En actuariat : 87%
J'pouvais pas passer à côté de celui-là parce que je sais à quel point les actuaires sont en demande ces temps-ci... Ce bac/cette profession s'adresse surtout aux gens qui tripent ben raide sur les maths (comme moi) et qui ont envie de travailler dans le domaine des assurances. Si t'aimes les maths mais que tu détestes les sciences, c'est l'option parfaite pour toi.

En génie minier : 89%
Moi non plus, je sais pas trop ce que ça mange en hiver, un génie minier. Après quelques minutes de recherches grâce à mon meilleur ami que je surnomme affectueusement Google, j'ai découvert que les diplômés étaient des ingénieurs en mines qui travaillent surtout au travail d'exploitation des mines, mais qui peuvent aussi toucher au métro par exemple !

En enseignement du primaire ou du secondaire : 90%
Un bac assez populaire, le taux d'emploi est quand même plus que pas pire ! À nuancer ici : avoir sa permanence dans un établissement scolaire peut s'avérer assez difficile, donc ce taux de placement est celui des gens qui occupent un poste dans une école primaire ou secondaire, peu importe s'ils sont permanents ou non.

En génie aérospatial : 95%
Si t'as une passion débordante pour tout ce qui a été créé par l'homme et qui vole dans les airs, ce bac-là est pour toi ! Je t'avertis tout de suite : c'est pas facile et va vraiment falloir que t'aimes ça pour réussir tellement ça demande de travail, mais console-toi en voyant à quel point tu vas trouver facilement une job en sortant de là...

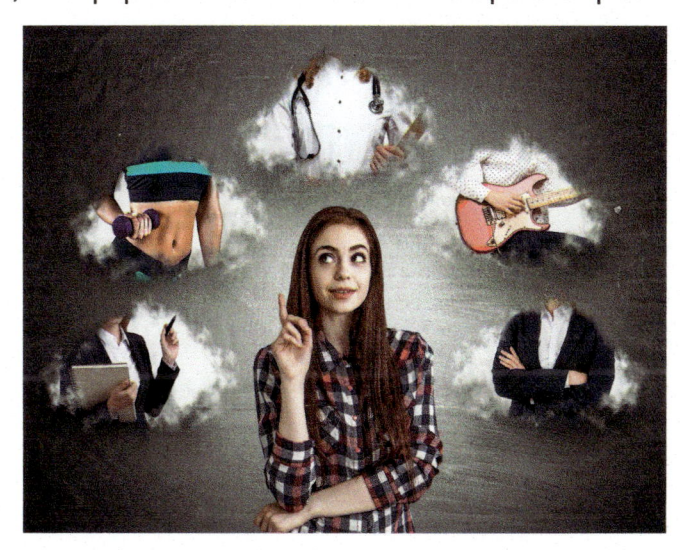

Source : https://www.narcity.com/fr/montreal/les-10-programmes-universitaires-qui-ont-le-plus-de-debouches

Scénario 2 · Choisir un programme d'étude et des cours

Je remplis le tableau suivant avec le vocabulaire trouvé dans l'article précédent.

	Programmes	Débouchés
1	Ressources humaines	Modèle *agent d'avantages sociaux, conseiller en santé et en sécurité du travail, représentant syndical, gestion de carrière*
2	Administration des affaires	
3	Finance	
4	Informatique	
5	Sciences infirmières	
6	Pratique sage-femme	
7	Actuariat	
8	Génie minier	
9	Éducation	
10	Génie aérospatial	

Je remplis le formulaire du plan d'études pour ma première année universitaire en fonction de mes choix de cours et de programme.

REGISTRARIAT

PLAN D'ÉTUDES AU 1er CYCLE

Nom :   **Prénom :**
Diplôme :   **Programme :**

        ❐ Baccalauréat en administration
        ❐ Baccalauréat en commerce
        ❐ Baccalauréat en éducation
        ❐ Baccalauréat en génie
        ❐ Baccalauréat ès arts
        ❐ Baccalauréat ès sciences

Cours obligatoires

Cours complémentaires et/ou hors programme

Signature de l'**étudiant** :   Date :
Signature autorisée du registraire :   Date :

Étape 3 (réception et interaction orale)
Demander des conseils à d'autres étudiants

Je regarde la vidéo *Comment faire pour choisir un programme universitaire* (https://www.youtube.com/watch?v=Fx3NqmPLqVU). Je note les 10 conseils d'Anaïs sur les choses à savoir avant de venir étudier au Québec.

Source : https://www.youtube.com/watch?v=Fx3NqmPLqVU

	Conseils
1	Faire le point sur vous-même pour bien vous connaître : connaître vos points forts et vos points faibles.
2	
3	
4	
5	
6	
7	
8	
9	
10	

En groupes de quatre, nous choisissons les trois conseils les plus importants d'Anaïs. Nous justifions nos choix devant la classe après la discussion.

En groupes de quatre, nous donnons des conseils à d'autres **étudiants** sur le choix de programme :

Activité 1 : Si je n'ai pas le temps de demander des conseils dans la vie réelle, le dialogue sera basé sur la vidéo d'Anaïs.

Activité 2 : Si j'ai le temps de parler aux étudiants sur le campus, le dialogue sera basé sur nos conversations réelles.

Activité 3 : Je consulte les programmes d'études autochtones sur le site web de l'Université d'Ottawa (uottawa.ca/autochtone/votre-parcours-universitaire/programmes). J'établis une liste de mots de vocabulaire liés aux autochtones. Je rédige un dialogue entre deux amis, dans lequel on discutera des programmes d'études autochtones, ainsi que des cours ayant un contenu autochtone qu'on aimerait suivre.

Dans les trois cas, j'utilise autant que possible l'expression du souhait et de l'obligation, et les temps du futur.

Utiliser l'expression du souhait et de l'obligation avec le subjonctif dans une conversation

Après des verbes exprimant un souhait, un désir (*souhaiter, vouloir,* etc.) ou une obligation (*falloir, devoir,* etc.), on utilise le subjonctif lorsque le sujet de la subordonnée est différent de celui de la principale.
- Je veux/voudrais qu'il y **ait** plus de projets collaboratifs dans mes cours.
- J'aimerais que l'université **donne** plus de subventions aux étudiants ayant des besoins financiers.

Expression du souhait

Je veux/ Je souhaite/ J'exige/
Je désire/ J'aime/
J'aimerais/ J'ai envie/
L'idéal serait/ Etc.
+ que
+ le subjonctif

Expression de l'obligation

Il faut / Il va falloir / Il est nécessaire / Il est essentiel / Il est indispensable / Il importe / Etc.
+ que
+ le subjonctif

Activités grammaticales : Utiliser les temps du futur : le futur proche et le futur simple. À l'oral ou dans un texte informel, on emploie la plupart du temps le futur proche à la place du futur simple.

Futur simple

radical : l'infinitif
terminaison :
ai, as, a, ons, ez, ont

Futur proche

aller + l'infinitif

Activité 1 : En groupes de quatre, énumérez les cours que vous allez suivre l'année prochaine en utilisant le futur proche. Expliquez brièvement vos choix de cours.

Modèle
L'année prochaine, je **vais suivre** le cours d'espagnol, car je vais faire un échange au Mexique pour ma 3e année universitaire.

Activité 2 : Observez les deux tableaux ci-dessous et répondez aux questions ci-dessous sur les précisions de conjugaison sur le futur simple.

Changements orthographiques de certains verbes du premier groupe (en -er)

appeler	jeter
il appellera, nous appellerons	je jetterai, vous jetterez
acheter	**lever**
elle achètera, elles achèteront	tu lèveras, on lèvera
essayer	**nettoyer**
nous essaierons, ils essaieront	tu nettoieras, elles nettoieront

Radicaux irréguliers

aller ■ j'irai	pleuvoir ■ il pleuvra
avoir ■ j'aurai	pouvoir ■ je pourrai
courir ■ je courrai	recevoir ■ je recevrai
cueillir ■ je cueillerai	s'asseoir ■ je m'assiérai / je m'assoirai
devoir ■ je devrai	savoir ■ je saurai
envoyer ■ j'enverrai	tenir ■ je tiendrai
être ■ je serai	valoir ■ je vaudrai
faire ■ je ferai	voir ■ je verrai
falloir ■ il faudra	vouloir ■ je voudrai
mourir ■ je mourrai	

Précisions sur le futur simple

1. Remarquez-vous qu'on ajoute les terminaisons du présent du verbe *avoir* à l'infinitif du verbe ?

2. Les verbes irréguliers en *-re* (excepté *être* et *faire*) _____ le *e* final avant de prendre la terminaison du futur :

   boire ■ **je** _____   naitre ■ **il** _____   écrire ■ **nous** _____

3. Changements orthographiques de certains verbes du premier groupe (en *-er*) : les changements effectués au présent de l'indicatif se retrouvent à toutes les personnes du futur simple de ces verbes.

4. Pour la conjugaison des verbes qui suivent le modèle d'*appeler* et de *jeter*, la consonne l ou t est _____ devant le *e* muet.

5. Pour la conjugaison des verbes qui suivent le modèle d'*acheter* et de *céder*, le *e* et le *é* deviennent _____.

Activité 3 : Mettez les verbes des phrases suivantes au futur simple. Faites attention aux conjonctions temporelles (en italique) utilisées dans ces phrases.

1. *Tant que* je ne _____ (savoir) pas quel métier choisir, je ne _____ (pouvoir) pas prendre une décision quant à mon programme d'études.

2. Il _____ (se sentir) plus à l'aise *quand* il _____ (choisir) son programme d'études.

3. Vous _____ (remplir) le formulaire du plan d'études *après* le rendez-vous avec **le conseiller** pédagogique.

4. Soumettez votre plan d'études *dès que* vous le _____ (pouvoir).

5. La professeure _____ (s'en aller) *aussitôt qu*'elle _____ (avoir) terminé son cours.

6. Le professeur _____ (commencer) son discours *une fois que* la salle _____ (être) silencieux.

Fait plurilingue

Il convient de noter qu'en anglais le verbe reste au présent après les conjonctions temporelles utilisées dans les phrases ci-dessus. Quel est le cas dans votre langue maternelle ?

- Comparez vos réponses en groupes multilingues et discutez des similarités et des différences.
- Présentez une réponse que vous avez trouvée la plus similaire à la structure de la langue française et une réponse que vous avez trouvée la plus différente.

Étape 4 (activité interactionnelle)
Discuter de ses intérêts professionnels

Préparer une conversation avec **le conseiller** pédagogique sur le choix des cours et sur ses projets professionnels.

> Chaque faculté universitaire a des conseillers de programme avec lesquels vous pouvez parler de la planification et du choix des cours, de l'inscription, de la progression du programme et plus encore. Si vous ne savez pas vers qui vous tourner ou si vous rencontrez des difficultés à choisir une majeure, le Centre de réussite des **étudiants** offre un soutien scolaire, notamment une aide pour choisir une majeure, une planification scolaire personnalisée, des programmes de soutien à l'apprentissage et bien plus encore.

Activité 1 : *Je peux entretenir une conversation avec* **un conseiller** *pédagogique à l'université.*
- Je prends rendez-vous avec **mon conseiller** pédagogique.
- Avant le rendez-vous, je prépare de cinq à huit questions que j'aimerais lui poser sur le choix des cours et sur mes projets professionnels. Pour une bonne révision, j'utiliserai les trois manières (intonation, *est-ce que*, inversion) de poser des questions.

Modèles
- *Pour recevoir ce diplôme, il faut obtenir combien de crédits ?* (Registre familier : intonation)
- *Est-ce que le programme offre la possibilité de faire un stage ?* (Registre courant : est-ce que)
- *Combien de cours au maximum puis-je suivre par semestre ?* (Registre soutenu : inversion)

- Je prends des notes lors de la conversation et j'en fais un résumé d'environ 300 mots.
- Je présente le résumé devant mes camarades à l'aide de photos, de graphiques et/ou de schémas.
- Je me prépare à répondre aux questions de mes camarades après la présentation.

Activité 2 : Je ne peux pas prendre le rendez-vous dans la vie réelle. Je prépare plutôt un dialogue avec un camarade. Nous jouons respectivement les rôles d'« étudiant » et de « conseiller ».

- Nous établissons une liste de cinq à huit questions (voir les modèles dans l'activité 1).
- Nous cherchons des réponses en consultant le site web de l'université et d'autres ressources qui conviennent.
- Nous préparons un dialogue d'environ 300 mots, et nous le présentons devant nos camarades.
- Nous nous préparons à répondre aux questions de nos camarades après le dialogue.

Faits culturels

- Éducation : comparaison des systèmes scolaires français et québécois

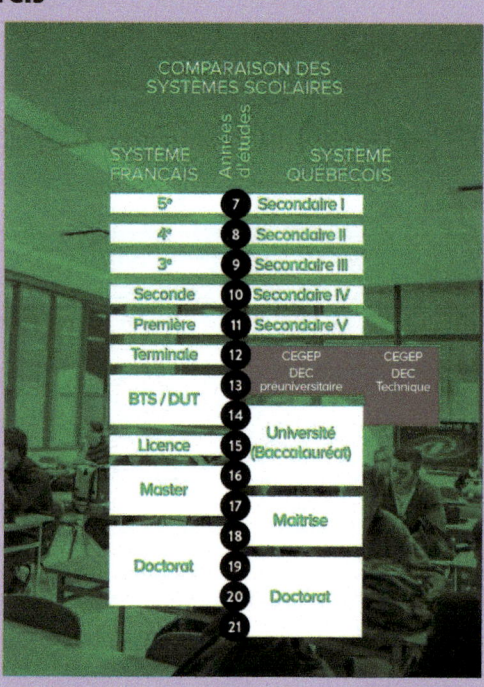

- Profession : les grandes écoles en France
    - Je regarde la vidéo suivante pour m'informer sur les grandes écoles en France (apprendre.tv5monde.com/en/exercices/b1-threshold/moi-aussi-je-veux-faire-une-grande-ecole) et je fais les quatre exercices proposés pour évaluer ma compréhension de la vidéo.

36 | Module I • Planifier l'année universitaire !

Faire le point

- Rapport d'apprentissage (autoréflexion sur le progrès accompli)
- **Je réagis :** Maintenant que j'ai réalisé toutes les activités de ce scénario, je fais part de mes commentaires à **mon professeur** sur :
    - ce que j'ai préféré faire comme activité ;
    - ce que j'ai appris ;
    - ce que je savais déjà ;
    - ce que j'aurais aimé ne pas avoir à faire et pourquoi.
- **J'écris un rapport sur mon expérience pendant le déroulement du scénario 2** (apprentissages et autoréflexion sur les progrès accomplis)

Tâche finale (production écrite)

Rédiger un courriel pour expliquer ses choix de cours et de programme.

Ce que je dois faire pour réussir la tâche finale :

- Je relis le résultat du test d'orientation fait dans l'étape 1 du présent scénario et je décide si je veux suivre ses conseils concernant mes choix de carrière ;

- Je relis l'article dans l'étape 2 sur les 10 programmes universitaires qui ont le plus de débouchés et je décide si l'un d'eux m'attire ;

- J'utilise le vocabulaire lié à la vie en résidence appris dans ce scénario ;

- Je relis les notes prises lors de la conversation avec **mon conseiller** pédagogique (si la conversation a eu lieu) ;

- Je me rends sur le site web d'une université de mon choix pour explorer les programmes et les cours offerts ;

- Je fais un remue-méninge sur les raisons (au moins trois) de mes choix de cours et de programme ;

- J'établis le plan de mon courriel en incluant les points essentiels ;

- J'utilise le vocabulaire lié aux programmes appris dans ce scénario ;

- J'utilise le futur proche et le futur simple révisés dans ce scénario ;

- J'utilise les expressions de séquences pour assurer l'enchaînement de mes idées ;

- J'écris le courriel à un ami pour expliquer mes choix de cours et de programme.

Ce que je dois rendre pour l'évaluation de la tâche finale :

- Un courriel que j'ai écrit à **un ami** pour expliquer mes choix de cours et de programme.

Langage inclusif

Tableau récapitulatif de l'écriture inclusive dans le scénario 2 du module 1

	Forme au masculin	Forme au féminin	Forme inclusive de toutes les identités de genre et sans hiérarchie entre les genres
Mots qui représentent une identité de genre (noms, déterminants, adjectifs, participes passés, pronoms, etc.)	1. *un* 2. *ami/amis* 3. *mon*	1. *une* 2. *amie/amies* 3. *ma*	1. *un·e* 2. *ami·e/ami·e·s* 3. *maon*
Noms de professions et de métiers	4. *étudiant/étudiants* 5. *conseiller* 6. *maïeuticien* 7. *professeur*	4. *étudiante/étudiantes* 5. *conseillère* 6. *maïeuticienne (ou sage-femme)* 7. *professeure*	4. *étudiant·e/étudiant·e·s* 5. *conseiller·ère* 6. *maïeuticien·ne* 7. *professeur·e*

Bravo, vous avez terminé le scénario 2 du module 1 !

SCÉNARIO 3
Utiliser des stratégies pour éviter la procrastination

> Vous connaissez maintenant vos cours, vos **professeurs** et vos camarades. Il est temps de développer de bonnes habitudes pour éviter la procrastination. Vous lirez un article sur les causes et les effets de la procrastination, en y relevant les idées principales et en faisant une carte mentale. Vous apprendrez à exprimer les stratégies pour éviter la procrastination en utilisant des hypothèses certaines. Vous établirez un plan sur les habitudes et les stratégies pour éviter la procrastination, et vous ferez une présentation en équipe de deux à ce sujet.

Descripteurs

❏ Je peux répondre à un questionnaire sur ma tendance à la procrastination.

❏ Je peux lire un article sur les causes et les effets de la procrastination, y relever les idées principales et en faire une carte mentale en utilisant certains mots du lexique relatif à la santé mentale.

❏ Je peux transmettre des informations précises et pertinentes tirées des textes écrits portant sur les stratégies pour éviter la procrastination, puis en faire un résumé de 200 mots.

❏ Je peux exprimer aisément les stratégies à adopter pour éviter la procrastination, en utilisant des hypothèses certaines.

❏ Je peux lire pour m'informer et discuter des stratégies de réussite dans ma vie universitaire.

❏ Je peux donner des conseils sur les habitudes et les stratégies pour éviter la procrastination en me basant sur mes recherches.

Mise en train et diagnostic

Questionnaire – Ai-je tendance à procrastiner ?

- Pour chacune des questions suivantes, notez le numéro correspondant à votre réponse sur une feuille de papier. À l'issue de ce test, nous établirons ensemble si vous avez tendance à tout remettre au lendemain ou il s'agit tout simplement d'un mauvais cap à passer.
- *Important* : n'essayez pas de prévoir le résultat du test en modifiant intentionnellement vos réponses. Soyez honnête avec vous-même.

Procrastination : 10 questions et 3 étapes pour (enfin) vous en débarrasser

1. Je reporte les choses à faire même si elles sont importantes...
   A. Oui, tout le temps
   B. Parfois
   C. Jamais
(Cela constitue un premier indice de procrastination.)

Scénario 3 · Utiliser des stratégies pour éviter la procrastination

2. J'attends toujours à la dernière minute pour rendre un devoir, un travail, pour écrire une lettre...
   A. Oui, tout le temps
   B. Parfois
   C. Jamais

3. J'ai du mal à me mettre au travail...
   A. Oui, tout le temps
   B. Parfois
   C. Jamais

4. Si l'action ou la tâche à réaliser est difficile ou que je n'ai pas la certitude d'y arriver, je la remets à plus tard...
   A. Oui, tout le temps
   B. Parfois
   C. Jamais

5. J'attends le dernier moment pour faire les tâches difficiles ou désagréables...
   A. Oui, tout le temps
   B. Parfois
   C. Jamais

(C'est un signe inhérent de la procrastination.)

6. « Pourquoi faire aujourd'hui ce que l'on peut faire demain » est ma devise préférée...
   A. Oui, tout le temps
   B. Parfois
   C. Jamais

7. J'aime passer du temps sur les réseaux sociaux, regarder mes courriels plusieurs fois par heure...
   A. Oui, tout le temps
   B. Parfois
   C. Jamais

8. Lorsque j'ai beaucoup de tâches à effectuer, je commence toujours par les plus importantes...
   A. Jamais
   B. Parfois
   C. Oui, tout le temps

9. Le matin, je me lève quelques minutes après la sonnerie de mon réveil...
    A. Jamais
    B. Parfois
    C. Oui, tout le temps
(La procrastination vous incite à reporter votre heure de réveil.)

10. Lorsque j'ai quelque chose de difficile à réaliser, je me dis qu'il vaut mieux attendre le moment propice pour le faire...
    A. Oui, tout le temps
    B. Parfois
    C. Jamais

Interprétation du résultat

Vous avez une majorité de A
Le fait de procrastiner est chez vous une habitude bien ancrée. Pas une activité que vous effectuez à temps. Pas un jour sans un report d'actions.

Vous êtes sans cesse débordé par les tâches qui s'accumulent et vous perdez un temps considérable à vous concentrer sur ce que vous avez à faire.

Si c'est votre cas aujourd'hui, sachez donc qu'il existe des solutions pour améliorer votre capacité à mener à bien vos projets dans les temps. Vous pourriez ainsi facilement lutter contre la procrastination.

Vous avez une majorité de B
Vous avez tendance à procrastiner, mais vous savez contrecarrer cette tendance dans les moments où il faut vraiment agir.

Il vous suffirait alors de commencer par repérer les moments ou les situations dans lesquels cette mauvaise habitude revient le plus.

Vous avez une majorité de C
Procrastiner ? Moi, jamais !

Vous savez organiser votre temps, faire les tâches quand elles doivent l'être. La procrastination ne fait même pas partie de votre vocabulaire. Vous ne perdez pas de temps et avancez à vive allure dans votre quotidien et vos projets.

Votre secret ?

Certainement un bon système d'organisation qui vous permet d'être efficace et, bien évidemment, une bonne dose d'autodiscipline. À priori, vous n'avez donc pas de problème qui nécessite une intervention immédiate.

Source : penser-et-agir.fr/procrastination/

Étape 1 (réception écrite)
Lire un article sur les causes et les effets de la procrastination et prendre des notes

Je lis l'article ci-dessous et je crée une carte mentale qui présente les causes et les effets de la procrastination.

Les causes de la procrastination
Qu'est-ce qui explique qu'on remette au lendemain des tâches qu'on peut faire le jour même ?
En fait, il y a de multiples causes à la procrastination, mais voici les plus communes.

La peur d'échouer

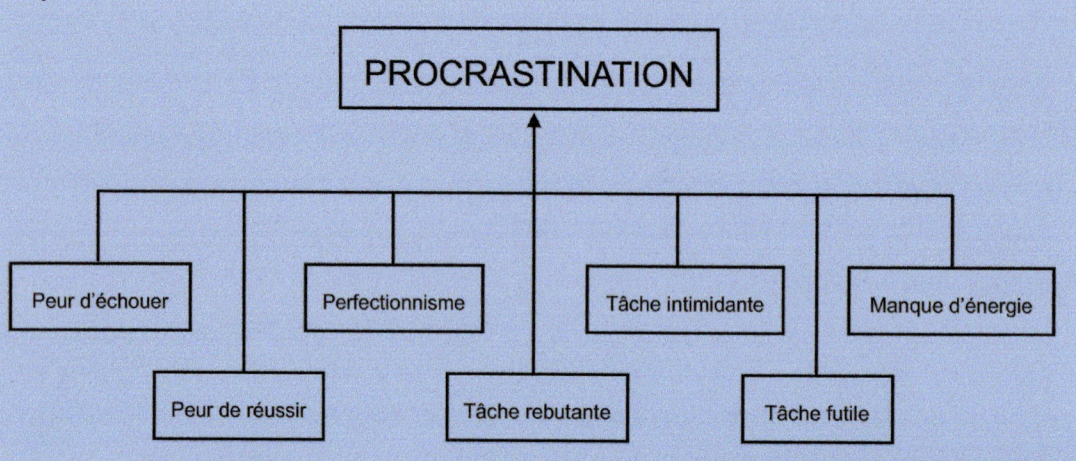

```
                    PROCRASTINATION
                           ↑
    ┌──────────┬───────────┼───────────┬──────────┐
Peur d'échouer  Perfectionnisme  Tâche intimidante  Manque d'énergie
       Peur de réussir    Tâche rebutante    Tâche futile
```

Si vous remettez au lendemain, ça peut être par peur d'échouer. Vous redoutez d'agir parce que vous vous dites que si vous faites la tâche et que vous échouez, vous finirez déçu et risquerez aussi de décevoir vos proches. Alors vous préférez ne rien faire pour éviter d'avoir à subir un potentiel échec.

La peur de réussir
Parfois, vous pouvez aussi procrastiner par peur de réussir. Vous vous dites que réussir impliquerait d'assumer de nouvelles responsabilités ou de vous retrouver dans une situation inconnue et de ne pas être à la hauteur. Donc vous procrastinez parce que votre situation actuelle, elle, au moins, est familière.

Le perfectionnisme

Vous pouvez procrastiner parce que vous cherchez à ce que tout soit parfait. Vous vous mettez une énorme pression sur les épaules. Et comme vous avez beaucoup d'attentes envers vous-même et que les tâches prennent une ampleur démesurée, vous vous découragez et préférez tout remettre au lendemain.

La tâche est rebutante

Si la tâche que vous devez faire vous rebute, vous êtes aussi plus susceptible de procrastiner. Comme ce que vous devez faire vous paraît ennuyant, vous n'arrivez pas à trouver la motivation de le faire. Du coup, vous mettez cette tâche tout en bas de votre to-do list pour l'éviter le plus longtemps possible.

La tâche est intimidante

Quand vous faites face à un gros projet ou à une tâche ambitieuse, vous ne savez pas toujours par où commencer. Vous avez l'impression de vous tenir devant une montagne. Vous vous sentez tellement submergé que vous procrastinez plutôt que d'attaquer ce travail intimidant.

La tâche est futile

Quand vous estimez qu'une tâche n'est pas importante, vous avez tendance à procrastiner, parce que vous vous dites que ce ne serait pas grave de ne pas la faire aujourd'hui. Et vous finissez par la repousser encore et encore.

Le manque d'énergie

Parfois, ce n'est pas le travail en lui-même qui vous fait procrastiner, mais c'est plutôt votre manque d'énergie. Si vous traversez une situation difficile émotionnellement, si vous êtes malade ou fatigué, par exemple, vous aurez plus de mal à vous mettre au travail. Vous aurez donc tendance à remettre des choses au lendemain.

Il existe de nombreuses autres causes de la procrastination, mais les sept que vous venez de voir sont les sept principales. Ces causes peuvent aussi se combiner entre elles. Par exemple, vous pouvez procrastiner parce qu'une tâche est rebutante et intimidante, ou encore parce qu'elle est intimidante et que vous avez peur de la réussir.

De façon générale, vous ne procrastinez pas parce que vous êtes fainéant, mais plutôt parce que vous n'arrivez pas à gérer les émotions négatives qui sont associées avec la tâche sur laquelle vous procrastinez.

Les conséquences de la procrastination

Le stress
Le stress est la première conséquence de la procrastination. Quand vous savez que vous devez faire quelque chose, mais que vous ne le faites pas, vous créez une charge mentale. Toutes ces tâches qui trainent dans un coin de votre tête vous préoccupent. Et plus vous procrastinez, plus vous êtes préoccupé et stressé.

La perte de temps
La procrastination allonge aussi inutilement le temps d'accomplissement de vos tâches. Une tâche qui pourrait être réalisée en une heure vous prendra plusieurs jours parce que vous procrastinez. C'est notamment dû à la loi de Parkinson, selon laquelle :
Tout travail s'étale de façon à occuper le temps disponible pour son achèvement.
Autrement dit, plus vous avez de temps pour effectuer une tâche, plus vous prendrez de temps pour la mener à bien et plus vous en perdrez aussi.

La culpabilité
Quand vous repoussez vos tâches, vous culpabilisez. Vous savez au fond de vous que vous ne devriez pas le faire et vous vous en voulez. Vous entrez alors dans une spirale infernale, où l'inaction amène à l'inaction.
Et plus vous traversez ce cycle, plus il est difficile d'en sortir.

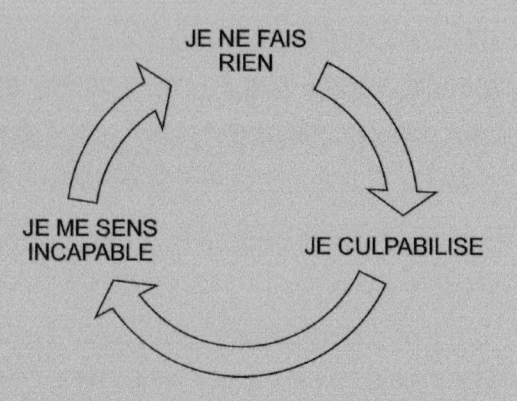

JE NE FAIS RIEN → JE CULPABILISE → JE ME SENS INCAPABLE

Une opportunité ratée
La procrastination peut vous faire rater des opportunités. Si vous trouvez la maison de vos rêves et que vous procrastinez parce que vous avez peur de sauter le pas pour l'acheter, quelqu'un d'autre risque de l'acheter à votre place et la propriété vous passera sous le nez. Et si vous avez une excellente opportunité de carrière à l'étranger, mais que vous repoussez sans arrêt votre décision parce que vous redoutez de partir, quelqu'un d'autre finira par prendre votre place, et vous aurez raté votre chance.
La procrastination peut donc vous faire manquer des opportunités, ce qui nous amène au point suivant.

Le regret
La procrastination peut vous faire regretter certaines choses. Si vous rêvez de voyager autour du monde, mais que vous remettez constamment ce rêve au lendemain, un jour il sera trop tard et vous regretterez de ne pas l'avoir fait. Et si vous

voulez monter un projet qui vous tient à cœur, mais que vous le repoussez sans arrêt, vous finirez par ne pas le faire et vous le regretterez.

Procrastiner peut donc parfois vous faire vivre dans le regret.

Source : Test tiré et adapté du site everlaab.com/procrastination-definition-causes-consequences-et-solutions/#les-causes-de-la-procrastination

Voici les étapes principales à suivre pour la création d'une carte mentale :

- Faire une liste d'éléments
- Hiérarchiser les idées
- Créer la carte mentale
- Ajouter des indices visuels
- Colorier la carte

Scénario 3 • Utiliser des stratégies pour éviter la procrastination | 47

Étape 2 (médiation à l'écrit)
Faire un résumé de lecture

Trouver un article portant sur les stratégies pour éviter la procrastination et en faire un résumé de lecture en 200 mots.

Les techniques de base de rédaction du résumé :

- Lire le texte plusieurs fois pour vous assurer de bien le comprendre, éliminer les difficultés de vocabulaire à l'aide d'un dictionnaire ;
- Prendre des notes pendant la lecture, faire ressortir le thème général ;
- Souligner les points principaux dans le texte en repérant les articulations logiques ;
- Dégager le plan du texte ;
- Rédiger le résumé ;
- Relire votre écrit pour vérifier l'orthographe, la grammaire, la syntaxe et les enchaînements. Pour en savoir plus, lire la page : espacefrancais.com/faire-le-resume-dun-texte/.
- N'oubliez pas d'inclure le plus possible le vocabulaire ci-dessous relatif à la santé mentale.

Vocabulaire lié à la santé mentale

anxiété, comportements, crainte, crise, dépression, détente, émotions, épuisement mental/physique, habitudes, incertitude, obsession, panique, santé mentale, stress, troubles comportementaux

Étape 3 (réception et interaction écrite et orale)
Discuter avec des amis sur les stratégies à adopter pour éviter la procrastination

Exprimer des idées hypothétiques certaines

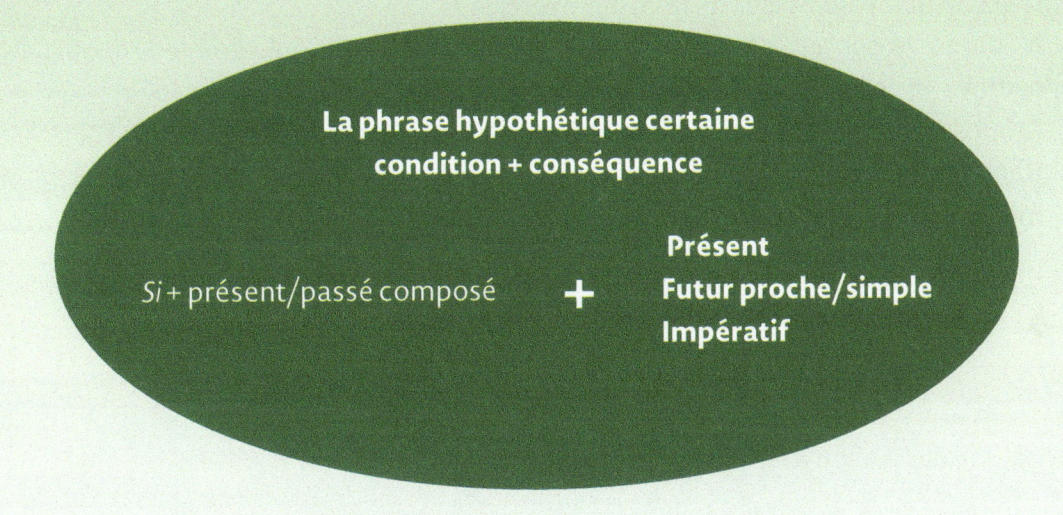

La phrase hypothétique certaine
condition + conséquence

Si + présent/passé composé   **+**   Présent
Futur proche/simple
Impératif

Modèles
- Si **vous avez compris** l'explication de votre professeur, **vous pouvez consolider** vos connaissances par des exercices.
- Si **vous avez bien dormi** la veille, vous **allez** mieux **vous concentrer** dans l'examen.
- Si **vous étudiez** avec un ami, vous **serez** plus motivé.
- Si **vous vous sentez** stressé, **buvez** une tasse de thé.

Pour en savoir plus, lire : wirtschaftssprachen.hslu.ch/francais/2013/07/13/comment-exprimer-des-hypotheses/.

Activités grammaticales : *Les hypothèses certaines (si + présent/futur)*

En groupes de quatre, donnez-vous des conseils les uns aux autres pour vous débarrasser de la procrastination, en utilisant la structure de l'hypothèse certaine (si + présent/futur).

Étape 4 (compréhension et production écrites)
Réinvestir les connaissances

Activité 1 : Lisez l'article suivant sur les conseils pour réussir votre année universitaire et répondez aux questions ci-dessous.

- Comment être **organisé** dès le début du semestre ?
- Après avoir lu le deuxième conseil, nommez trois stratégies de votre apprentissage.
- Quels sont les avantages de faire de l'exercice ?
- Nommez le conseil qui vous paraît le plus utile et celui qui semble le moins utile. Justifiez vos choix.
- Proposez aux **nouveaux étudiants** un conseil qui ne se trouve pas dans l'article.
- Racontez en quelques lignes une anecdote que vous avez vécue lors de votre première année universitaire.

5 conseils pour réussir votre année universitaire

1. Soyez organisé

Vous devrez l'être dès le début. Lorsque les professeurs vous remettront leur programme d'études, notez toutes les dates et échéances importantes et commencez à planifier en conséquence. Planifiez vos journées en programmant vos cours, l'heure de vos devoirs et vos pauses. Par exemple, si vous avez un essai de 10 pages à rendre sous deux semaines, vous pourrez rédiger une page par jour, en vous réservant quelques jours supplémentaires pour d'éventuels devoirs ou pour disposer de davantage de temps pour réviser et corriger votre chef-d'œuvre.

Et souvenez-vous qu'il est important d'être organisé au-delà de la salle de classe, donc vous feriez tout aussi bien d'en prendre l'habitude dès maintenant !

2. Étudiez

Personne ne sait vraiment comment étudier « correctement », mais il y a de nombreuses astuces à garder à l'esprit. Tout d'abord, établissez une routine. Étudiez-vous mieux le soir ou le matin ? Avec des camarades d'étude ou en solo ? Puis, souvenez-vous qu'il faut constamment évoluer et s'adapter. Essayez de nouvelles techniques, réévaluez ce qui fonctionne et ce qui ne fonctionne pas, puis adaptez votre stratégie en conséquence. Essayez de vous avancer dans vos lectures et vos devoirs, lorsque vous avez le temps. Soyez un apprenant actif : prenez des notes, posez des questions et essayez d'enseigner aux autres ce que vous avez appris. Vous devez mémoriser une énorme quantité d'informations ? Divisez-les en sections plus petites et n'en commencez pas une nouvelle avoir d'avoir entièrement terminé la précédente.

3. Prenez soin de vous

Prenez des pauses ! Il est impossible d'étudier huit heures d'affilée sans perdre sa concentration. Essayez la règle du 45/15 : étudiez pendant 45 bonnes minutes et prenez ensuite une pause de 15 minutes. Assurez-vous de bien vous reposer aussi et mettez à profit l'heure de la sieste. Alimentez-vous convenablement et essayez de ne pas succomber à la tentation du chocolat et des boissons énergétiques. Buvez de l'eau. La caféine peut vous aider à vous concentrer sur le moment, mais elle peut vous pousser à l'effondrement, à moins que vous n'en consommiez de façon continue. Et faites de l'exercice. Il est prouvé que l'exercice physique réduit le stress, aide à mieux dormir et améliore la vigilance, la concentration et la mémoire.

Dernier conseil mais pas des moindres, n'oubliez pas de respirer. La relaxation permet de prendre soin du corps et de l'esprit.

4. Côtoyez les bonnes personnes

Soyez ami à la fois avec le professeur et les élèves. Lorsque vous sympathisez avec eux, les professeurs vous respectent davantage et sont plus disposés à vous aider quand il le faut. Souvenez-vous, que ce sont des êtres humains eux aussi. Et ne posez pas de questions comme : « ai-je manqué quelque chose en classe, hier ? », car cela reviendrait à dire qu'ils ne donnent pas d'informations utiles, chaque jour – ce que, ô surprise, ils font ! En ce qui concerne les étudiants, participez à des groupes d'étude, mais procédez avec prudence. Suivez ces directives générales : restez concentré. Créez un ordre du jour et une date limite, puis choisissez le bon type de personnes pour le groupe. Tout le monde doit contribuer et si des profiteurs essaient de s'infiltrer, quittez le navire. Si les groupes ne sont pas votre tasse de thé, trouvez une personne qui partagera ses notes de cours avec vous, vous aidera à communiquer à haute voix – méthode éprouvée pour retenir les informations - et vous expliquera les matières que vous ne comprenez pas.

5. Équilibrez vie sociale et vie universitaire

Vous devez toujours aller en classe et ne jamais sécher les cours, sauf lorsque vous êtes malade. Vous pourriez manquer les réponses à un examen à venir. Et bien que sortir entre amis soit vraiment un point important, faites-le avec modération. Souvenez-vous que vous êtes d'abord un étudiant avant d'être un fêtard invétéré.

Source : https://www.ef.com/cafr/blog/language/5-conseils-pour-reussir-votre-annee-universitaire/

Activité 2 : Le romancier Michel Tremblay a dit : « La musique. C'est un cadeau de la vie. Ça existe pour consoler. Pour récompenser. Ça aide à vivre. » Lisez l'article suivant sur les meilleures musiques pour se relaxer. En groupes de quatre, trouvez ces musiques et écoutez-les, choisissez la musique qui vous paraît la plus relaxante et justifiez votre choix en analysant brièvement la musique et les paroles.

Modèle
- J'aime bien le rythme.
- L'harmonie avec la mélodie me plaît beaucoup.
- La musique est tellement lente et paisible !
- J'aime la façon dont les voix sont disposées.
- J'aime les solos de guitare, ils sont vraiment bien joués.

Quelles sont les meilleures musiques pour se relaxer ?

Par ALICE HUOT - Le 14 novembre 2019

Écouter Adele serait tout aussi relaxant qu'un concerto de Mozart.

Au bureau, dans le métro, en faisant du sport et même dans les magasins, la musique fait partie de notre vie. Et nous écoutons différents styles de musique selon les effets désirés. Une étude avait déjà montré que pour être productif au boulot, il valait mieux privilégier les musiques sans paroles. Et pour se relaxer, qu'est-ce qu'on met dans notre casque ? Pour la plateforme Deezer, la British Academy of Sound Therapy a interrogé 7 500 personnes afin de déterminer les musiques les plus relaxantes. Histoire de se détendre, on pense souvent aux grands noms de la musique classique ou au bruit blanc de l'eau. Mais d'après les sondés, Ed Sheeran ou Adele seraient tout aussi efficaces pour relâcher la pression.

Le Top 10 des chansons les plus relaxantes.
1. Moonlight Sonata (1er mouvement) de Ludwig van Beethoven
2. Jamming de Bob Marley & The Wailers
3. Bridge Over Troubled Water de Simon and Garfunkel
4. Canon in D de A. Johann Pachelbel
5. Photograph de Ed Sheeran
6. Piano concerto 21 (2e mouvement) de Wolfang Amadeus Mozart
7. Shine On You Crazy Diamond de Pink Floyd
8. May It Be de Enya
9. Hello de Adele
10. Albatross de Fleetwood Mac

5 fruits et légumes et 78 minutes de musique par jour
Même si vous avez la chance de faire partie de ceux qui ne souffrent pas de stress, vous devriez brancher vos écouteurs. L'étude menée par Lyz Cooper, expert de la thérapie sonore, a permis de déterminer une Dose Journalière Recommandée de musique. Pour profiter des bienfaits de la musique, il est recommandé d'y consacrer au moins 78 minutes par jour.

En moyenne, pour ressentir les effets d'un style particulier, 11 minutes d'écoute sont nécessaires. Et pour se sentir heureux, c'est encore plus rapide. D'après l'étude, seulement 5 minutes de rythmes joyeux suffisent à se sentir mieux. Les chansons feel good, comme Happy de Pharrell Williams qui est la plus populaire du genre, permettent aussi à 86% des sondés de se sentir plus satisfaits dans leur vie, quand près de 9 sur 10 déclarent avoir plus d'énergie. Bref, que des avantages.

Source: https://www.ladn.eu/nouveaux-usages/usages-et-style-de-vie/top-musiques-se-relaxer/

Activité 3 : Votre ami a échoué à son dernier examen. Il n'a plus envie d'étudier. Avec un camarade, vous lui écrivez une lettre de 300 mots pour le convaincre d'avoir le courage de reprendre ses études. Vous lui donnez trois conseils sur les habitudes et les stratégies pour éviter la procrastination. Vous justifiez chacun de vos conseils par un exemple ou un raisonnement.

Faire le point

- Rapport d'apprentissage (autoréflexion sur le progrès accompli)
- Je réagis : Maintenant que j'ai réalisé toutes les activités de ce scénario, je fais part de mes commentaires à mon professeur sur :
    - ce que j'ai préféré faire comme activité ;
    - ce que j'ai appris ;
    - ce que je savais déjà ;
    - ce que j'aurais aimé ne pas avoir à faire et pourquoi.
- J'écris un rapport sur mon expérience pendant le déroulement du scénario 3 (apprentissages et autoréflexion sur les progrès accomplis)

Tâche finale (production orale)

Prendre la parole sur les habitudes et les stratégies pour éviter la procrastination. En groupes de deux, présentez, en moins de 10 minutes, les habitudes et les stratégies pour éviter la procrastination.

Ce que je dois faire pour réussir la tâche finale :
- Nous relisons le questionnaire sur notre tendance à la procrastination ;
- Nous relisons l'article sur les causes et les effets de la procrastination, ainsi que la carte mentale créée après la lecture dans l'étape 1 ;
- Nous relisons nos résumés de lecture faits dans l'étape 2 ;
- Nous relisons le plan établi dans l'étape 4 ;
- Nous rédigeons le script, en incluant la structure d'hypothèse certaine étudiée dans l'étape 3 ;
- Nous relisons le script en vérifiant l'orthographe, le genre des mots, la grammaire, la syntaxe et l'enchaînement ;
- Nous choisissons ensemble les outils numériques et les objets à utiliser pendant la présentation ;
- Nous répétons avant la présentation en classe.

Ce que je dois rendre pour l'évaluation de la tâche finale :
- Avec un camarade, je fais une présentation orale de moins de 10 minutes devant la classe sur les habitudes et les stratégies pour éviter la procrastination.

Langage inclusif

	Forme au masculin	Forme au féminin	Forme inclusive de toutes les identités de genre et sans hiérarchie entre les genres
Mots qui représentent une identité de genre (noms, déterminants, adjectifs, participes passés, pronoms, etc.)	1. stressé	1. stressée	1. stressé·e
	2. un	2. une	2. un·e
	3. ami/amis	3. amie/amies	3. ami·e/ami·e·s
	4. motivé	4. motivée	4. motivé·e
	5. organisé	5. organisée	5. organisé·e
Noms de professions et de métiers	6. professeur	6. professeure	6. professeur·e
	7. nouveaux	7. nouvelles	7. nouveaux·elles
	8. étudiants	8. étudiantes	8. étudiant·e·s

Tableau récapitulatif de l'écriture inclusive dans le scénario 3 du module I

Bravo, vous avez terminé le scénario 3 du module I !

SCÉNARIO 4
Se préparer pour la période des examens

Vous faites tout ce qu'il faut pour libérer du temps afin d'étudier et de vous concentrer uniquement sur les examens, sans oublier des moments de pause. Vous allez lire un article sur les stratégies permettant de vous débarrasser du stress des examens et faire un compte-rendu de celui-ci. Avec vos camarades, vous discuterez du stress des examens et de la compétition sociale. Vous développerez vos réflexions sur la compétition sociale dans le cadre d'un débat en classe. Vous perfectionnerez votre compétence écrite en rédigeant un compte-rendu d'un texte universitaire ou professionnel.

Descripteurs

- ❏ Je peux répondre à un questionnaire sur le rôle des examens.
- ❏ Je peux lire un article sur le stress causé par les examens, afin de donner des conseils permettant de m'en débarrasser.
- ❏ Je peux exprimer mes opinions sur le stress des examens et sur la compétition sociale à l'aide du vocabulaire appris dans ce scénario.
- ❏ Je peux exprimer des idées hypothétiques incertaines.
- ❏ Je peux exprimer des hypothèses dans différents contextes culturels.
- ❏ Je peux donner mon opinion sur la compétition sociale lors d'un débat en classe.
- ❏ Je peux transmettre par écrit des informations précises et importantes présentes dans un texte portant sur des sujets universitaires ou professionnels, et en faire un compte-rendu de lecture.

Mise en train et diagnostic

Questions-réponses – À quoi servent les examens ?

1. Combien d'examens passez-vous par semestre ?
2. Avez-vous souvent de bons résultats aux examens ? Si oui, quelles sont vos stratégies de réussite ? Sinon, quelles en sont les causes ?

3. On dit souvent que l'objectif principal d'un examen est d'évaluer les apprentissages. Êtes-vous d'accord avec cette remarque ? Justifiez vos réponses avec un exemple personnel.
4. Si vous étiez **professeur**, quels changements apporteriez-vous aux examens ?
5. Regardez ce court métrage portant sur la routine d'une étudiante en période d'examens : youtube.com/watch?v=20-tjhPZuFo&ab_channel=MakeMeUpByCharlotte. Établissez son horaire d'activités. Comparez celui-ci au vôtre en période d'examens et dites quelles stratégies/activités sont efficaces pour bien vous préparer aux examens.

Scénario 4 · Se préparer pour la période des examens | 57

Étape 1 (réception écrite)
Lire un article sur l'anxiété face aux examens et noter les points principaux

Ressentez-vous de l'anxiété avant les examens ? Voici un article qui fournit cinq stratégies pour vous en débarrasser.

Étapes de lecture
- Je lis l'article une première fois et je note les idées principales.

Se débarrasser du stress des examens en cinq méthodes

Ne vous est-il jamais arrivé de stresser à l'aube de franchir la porte de la salle d'examen ? Au moins une fois… Pour que le stress ne se transforme pas en grosse panique, voici cinq méthodes simples et efficaces qui ont fait leurs preuves. À vous la zen attitude !

Le ventre qui se serre, le souffle qui manque, la gorge nouée… Ça vous dit quelque chose ? À l'approche d'une échéance majeure comme un examen, vous êtes nombreux à angoisser de ne pas être à la hauteur et d'échouer. L'enjeu à vos yeux est donc considérable. Les quelques **conseils** qui suivent sont bons à prendre pour vous aider à **prévenir l'apparition du stress**, ou à le **chasser** au moment où il pointe son nez.

Prenez en charge vos émotions
Le stress naît souvent de la peur de l'inconnu, du sentiment que l'on ne maîtrise pas son devenir. Or si vous ne pouvez pas prédire votre résultat final, vous restez en revanche maître de tout le temps de préparation. Il est donc important de **connaître le calendrier de l'examen/concours, ainsi que le détail des épreuves. Cela vous permettra d'établir un planning de vos mois de révisions**, afin de consacrer le temps nécessaire à chaque épreuve.

Vous pouvez aussi réaliser un programme détaillé pour chaque semaine – notamment pour varier les matières, intégrer les temps de pause –, mais **tout en gardant une certaine souplesse** afin de passer plus de temps, si besoin, sur celles où vous avez le plus de mal. Cela vous évitera ainsi de faire des impasses ou de toujours remettre au lendemain. Surtout, cela vous donnera le sentiment que vous avez mis toutes les chances de votre côté pour réussir.

Branchez-vous sur les bonnes ondes

Heureusement, autant nous sommes sensibles aux pensées négatives (peur de l'échec, de l'éviction, découragement, etc.), autant nous le sommes aussi aux pensées positives ! Une **musique** qui vous donne la pêche, une **odeur** que vous aimez particulièrement, des **souvenirs** de réussite, une **citation** qui vous *booste*... Autant de petites choses qui constitueront une sorte de boîte à bonheur dans laquelle piocher dès que vous en aurez besoin.

Prenez soin de vous

Non, vous n'êtes pas juste une tête pensante ! Les révisions sollicitent aussi votre corps, voilà pourquoi il est important d'en prendre soin. **Premier élément à combattre : la fatigue, véritable accélérateur de stress.** Vous devez donc veiller à dormir suffisamment. Et là, il ne s'agit pas forcément de se coucher tous les soirs à 21 h, mais de trouver le bon rythme, quitte à dormir moins la nuit et compenser par une sieste en journée si cela vous convient mieux.

Prendre soin de son corps, c'est aussi le nourrir correctement. Misez sur les **aliments** qui vous apportent des vitamines et les sucres lents, plutôt que sur les fast-food qui vont peser sur votre digestion. Enfin, sortez, oxygénez-vous, et bougez-vous ! Footing, natation, tennis, basket, vélo : optez pour le sport qui vous fait le plus plaisir. Et si vous n'êtes pas très sportif, contenez-vous d'une promenade de 20 à 30 minutes par jour. Un excellent moyen de recharger ses batteries, de se défouler en pensant à autre chose, d'éviter les insomnies...

Inspirez, expirez

Respirer est évidemment un acte indispensable à notre survie. D'ailleurs, la plupart du temps, nous le faisons sans nous en rendre compte. Respirer est également essentiel pour le bon fonctionnement de notre cerveau, puisqu'à lui seul il absorbe 20% de notre consommation totale d'oxygène. Enfin, respirer est un bon moyen de combattre le stress, **à condition d'adopter la respiration abdominale (par le ventre), plus profonde et plus longue que la respiration thoracique**.

Pour y arriver, mettez-vous à votre aise, assis le dos bien calé sur votre chaise ou couché sur le dos, placez les mains de chaque côté de votre ventre, et imaginez que votre ventre est un ballon qui se gonfle et se dégonfle, quitte à exagérer le mouvement. Habituez-vous à respirer ainsi à tout moment. Et quand vous sentez que le stress vous gagne, forcez-vous à inspirer et expirer en profondeur en fermant les yeux pendant plusieurs minutes, avant de reprendre votre activité.

Ne boudez pas votre plaisir
Même en période de révisions, vous avez le droit – peut-être même le devoir – de vous **détendre** et de vous faire du bien. Il a été démontré par exemple que rire avait un pouvoir apaisant sur le corps, et qu'une minute de fou rire équivaudrait à 45 minutes de relaxation. Que ce soit devant le spectacle d'un humoriste, une série télé ou avec des amis, lâchez-vous !

Accordez-vous aussi des moments pour des activités qui vous font plaisir : **musique, danse, cuisine, jeux vidéo, prendre un bon bain avec son roman ou son magazine préféré**... à condition bien sûr de ne pas en abuser. Cela vous permettra de quitter quelques instants votre peau de candidat, vous rappelant que votre vie ne s'arrête pas à la préparation de tel examen ou concours, et vous aidera de fait à relativiser.

Source : studyrama.com/revision-examen/bac/revisions-et-jour-j-tous-les-conseils-pour-reussir-son/se-debarrasser-du-stress-des-examens-en-5-methodes-94081

- Je le lis une deuxième fois et j'essaie de comprendre les nouveaux mots selon le contexte, puis je vérifie ma compréhension à l'aide d'un dictionnaire.
- En groupes de quatre, nous allons préparer quatre questions sur la compréhension détaillée de l'article. Nous les posons à nos camarades en classe.
- Je lis une dernière fois en soulignant les expressions pour donner des conseils.

Étape 2 (médiation à l'écrit)
Le compte rendu de lecture

Faites un compte rendu de lecture de l'article ci-dessus.

Le **compte rendu** est une description aussi fidèle que possible d'une lecture, d'un fait, d'un événement, etc.

Un compte rendu réussi est **clair**, **précis** et **s'appuie sur la réalité**.

TECHNIQUES DE BASE DE RÉDACTION DU COMPTE RENDU DE LECTURE (I)

1. Prendre des notes
Il est plus que suggéré de prendre des notes pendant la lecture.

2. Délimiter le but du texte et la progression des informations
Avant de débuter la rédaction du **compte rendu**, il faut s'interroger sur le but poursuivi et le destinataire. Ensuite, il faut déterminer les thèmes essentiels et sélectionner les éléments présents dans la prise de notes qui seront retenus pour la rédaction, en fonction du destinataire. Ensuite, il s'agit de penser à un ordre de présentation des informations.

TECHNIQUES DE BASE DE RÉDACTION DU COMPTE RENDU DE LECTURE (II)

3. Rédiger

Lors de la rédaction, il vaut mieux élaborer un texte **fluide**, **continu**, seulement interrompu par d'éventuels intertitres si le confort du lecteur le demande. Le style question/réponse est, en principe, à éviter. Le découpage en paragraphes se détermine en fonction des thèmes sélectionnés durant la précédente phase de préparation.

4. Réviser

La rédaction se termine par un peaufinage : précision du vocabulaire, vérification de la cohérence et de la lisibilité (syntaxe, orthographe, etc.)

Source: https://www.alloprof.qc.ca/fr/eleves/bv/francais/le-compte-rendu-informatif-f1102

N'oubliez pas d'inclure le plus possible le vocabulaire ci-dessous, relatif à l'évaluation et aux questions de compétition dans la société.

Vocabulaire lié à l'évaluation et aux questions de compétition dans la société

un apprentissage, un certificat, un diplôme, un examen officiel, un partiel, un quiz, un test, une attestation, une autoévaluation, une efficacité, une entrevue, une épreuve, une évaluation

Étape 3 (réception et interaction écrite et orale)
Discuter des questions d'évaluation et de compétition sociale en formulant des hypothèses

Exprimer des idées hypothétiques incertaines

Pour en savoir plus, lire : https://blog.hslu.ch/francais-affaires/2013/07/13/comment-exprimer-des-hypotheses/.

La phrase hypothétique incertaine
condition + conséquence

Si + présent   Impératif/futur proche/futur simple
                        +
Si + imparfait   Conditionnel présent

**La phrase hypothétique formulée
avec des prépositions ou des conjonctions**

À condition de/à moins de + infinitif
En cas de + nom
Au cas où + verbe au conditionnel présent
Conjonctions + verbe au subjonctif

Fait plurilingue

Dans votre langue maternelle, comment exprimez-vous une hypothèse ? Utilisez-vous le mode conditionnel, les prépositions ou les conjonctions ? Trouvez quelques exemples et comparez entre vous, puis faites une mini-présentation de la diversité que vous avez trouvée.

Activités grammaticales : *Les hypothèses incertaines (si + imparfait/conditionnel présent) ; marqueurs de relation (suite)*

En groupes de quatre, donnez-vous des conseils sur la préparation des examens en utilisant la structure de l'hypothèse incertaine (*si* + imparfait/conditionnel présent). Pour assurer la cohérence dans vos discours, utilisez autant que possible les marqueurs de relations que vous avez trouvés dans ce scénario.

Modèle
*Si tu n'**étudiais** qu'à la dernière minute, tu **aurais** des difficultés à te concentrer durant l'examen.*

Étape 4 (production orale)
Réinvestir les connaissances

Organiser ses idées dans un plan et donner son opinion sur la compétition sociale lors d'un débat en classe.

Étapes à suivre

1. Avec les autres membres de votre équipe, étudiez le sujet et choisissez votre position, pour ou contre.
2. Décidez vos rôles dans le débat.
3. Faites de la recherche sur le sujet et prenez des notes.
4. Présentez vos notes aux autres membres de votre équipe, améliorez-les et enrichissez-les durant la discussion.
5. Établissez un plan avec votre équipe.
6. Développez votre discours et exercez-vous au moins une fois avant le débat.

Selon le nombre d'**étudiants** en classe, votre **professeur** pourrait jouer le rôle de **président/animateur** et celui de secrétaire. Pour le niveau du DELF B1, il est recommandé de réduire de moitié la durée du discours.

Scénario 4 · Se préparer pour la période des examens

ORATEURS
Chaque équipe est constituée de quatre orateurs ayant chacun une fonction particulière :
Porte-parole : présente le sujet tel qu'il a été interprété par son équipe et introduit sa stratégie générale d'argumentation ;
Premier député et second député : développent les arguments de leur équipe ;
Rapporteur : réfute et discrédite les arguments de l'équipe adverse et réaffirme les arguments de son équipe.

BUREAU
Le Bureau permet de rythmer le débat. Il est habituellement composé de deux membres (mais une personne peut combiner les deux fonctions) :
Président/animateur : chargé d'appeler chacun des orateurs et de faire régner l'ordre au cours des débats ;
Secrétaire : chargé de rythmer les temps de parole à l'aide d'une sonnerie (indiquant le début et la fin des minutes libres).

DÉBUT DU DISCOURS
Chaque orateur débute son discours en saluant les personnes présentes : « Monsieur/Madame le Président ; Monsieur/Madame le Secrétaire ; Messieurs/Mesdames les membres de l'équipe adverse ; Bonsoir ». L'orateur peut, bien entendu, personnaliser ses salutations : « Monsieur notre impartial président » ; « Honorable secrétaire » ; « Fougueux adversaires » ; « Public adoré »… « Bonjour » ; « Bonsoir »

TEMPS DE PAROLE

Chaque orateur fait un discours qui dure six minutes exactement. Le temps se scinde en trois parties : une minute protégée suivie de quatre minutes libres, et enfin une minute protégée.

Minutes protégées : le discours ne peut être interrompu.

Minutes libres : des questions « À propos ! » posées par les orateurs de l'équipe adverse peuvent interrompre le discours.

QUESTIONS « À PROPOS ! »

Pendant les minutes libres d'un orateur, les membres de l'équipe adverse peuvent intervenir pour poser une question « À propos ! »

Exemple
- Questionneur : « À propos ! »
- Orateur : « Oui ? »
- Questionneur : « La paresse ne comprend-elle pas l'oisiveté ? »

La question doit être courte, directe et liée à ce qui vient juste d'être dit. Avant qu'elle ne soit posée, l'orateur a le choix de prendre ou de refuser la question. S'il choisit de prendre la question, sa réponse doit être brève. Une fois qu'il a répondu, l'orateur peut reprendre son discours. L'orateur est libre de répondre avec humour, ou bien sérieusement, ou encore à côté, par exemple. Les réponses aux questions « À propos ! » sont comptées dans le temps de parole de l'orateur. Chaque orateur doit accepter au moins deux questions pendant son discours (pas forcément les deux premières).

Source : https://francodebatsuk.wixsite.com/fduk/la-competition

Faire le point

- Rapport d'apprentissage (autoréflexion sur le progrès accompli)
- Je réagis : Maintenant que j'ai réalisé toutes les activités de ce scénario, je fais part de mes commentaires à mon professeur sur :
    - ce que j'ai préféré faire comme activité ;
    - ce que j'ai appris ;
    - ce que je savais déjà ;
    - ce que j'aurais aimé ne pas avoir à faire et pourquoi.
- J'écris un rapport sur mon expérience pendant le déroulement du scénario 4 (apprentissages et autoréflexion sur les progrès accomplis)

Tâche finale (médiation à l'écrit)

Faire un compte rendu de lecture de 150 mots sur le thème du stress des examens ou sur celui de la compétition sociale.

Ce que je dois faire pour réussir la tâche finale :
- Je cherche sur des sites web fiables un article universitaire ou professionnel de plus de 800 mots qui porte sur le stress des examens ou sur la compétition sociale. Vous en trouverez un exemple à la page suivante : reussirmavie.net/Examens-comment-gerer-le-stress_a2821.html ;
- En suivant les conseils présentés dans l'étape 2 de ce scénario, je transmets des informations précises et importantes présentées dans l'article sous la forme d'un compte-rendu de lecture ;
- Je lis l'article trois fois en suivant les instructions données dans l'étape 1 ;
- Je rédige le compte-rendu en suivant les techniques présentées dans l'étape 2 ;
- Dans mon écrit, j'utilise les trois manières d'exprimer des hypothèses (certaines, incertaines, prépositions ou conjonctions) apprises dans les scénarios 3 et 4 ;
- Je vérifie l'orthographe, la grammaire et la syntaxe de mon écrit.

Ce que je dois rendre pour l'évaluation de la tâche finale :
Un compte rendu de lecture de 150 mots d'un article sur le stress des examens ou sur la compétition sociale.

Examens : comment gérer le stress ?

Vous avez tendance à paniquer pendant les examens et à perdre vos moyens ? Apprenez à gérer votre stress afin qu'il ne bloque pas vos capacités cérébrales. Hygiène de vie, respiration, méthodologie... Les bonnes pratiques qui ont fait leurs preuves.

1. Corps, cerveau, émotions, pensées : un pot pourri qui fait germer le stress

Le stress passe par le corps : il accélère le rythme cardiaque, fait transpirer, peut induire des maux de tête qui parasitent la concentration et la récupération des connaissances. Pour agir sur le stress, on pourra passer par le corps. Mais pas uniquement, car les facteurs psychoaffectifs jouent aussi un rôle important dans l'irruption du stress. Vous manquez de confiance en vous ? Vous gardez le mauvais souvenir d'un examen raté ? On peut donc agir sur ses pensées et également sur les mécanismes cognitifs, sur la façon d'apprendre et d'étudier. À vous de repérer où est votre point faible pour choisir l'arme anti-stress qui vous va le mieux.

2. Sommeil et hygiène de vie : gardez la forme

Pendant toutes vos révisions et jusqu'à la veille de votre examen, veillez à dormir suffisamment chaque nuit. Évitez à tout prix les nuits blanches ou les veilles tardives, même pour réviser. D'une part le manque de sommeil affaiblit les capacités d'attention et de mémorisation et d'autre part la fatigue vous rend plus fragile. Si vous êtes fatigué, vous êtes plus facilement inquiet, moins fort mentalement face aux difficultés. Veillez également à manger équilibré et à boire beaucoup durant vos révisions et pensez à vous oxygéner. Votre cerveau est ainsi bien alimenté en sucre et en oxygène. Le café et les boissons excitantes activent les transmissions, mais de façon incontrôlable et parfois exagérée. Ils peuvent donc être à l'origine d'insomnie, d'anorexie, d'hypertension artérielle, et d'angoisse, premier ennemi de la mémoire !

3. Relaxation, respiration, cohérence cardiaque

Le sport est une bonne façon d'évacuer le stress. Mais pendant des révisions, vous n'avez pas toujours le temps d'aller courir, faire du tennis ou nager. Il peut donc être utile d'apprendre à faire de petits exercices de relaxation. L'une des techniques les plus simples est la respiration profonde. Il s'agit de respirer consciemment et profondément quelques instants en gonflant le ventre et en dirigeant votre attention sur le trajet de l'air dans votre corps. La cohérence cardiaque est une technique respiratoire plus élaborée qui consiste à coordonner rythme cardiaque, respiration et flux sanguin. Puisque le stress a tendance à accélérer le rythme cardiaque, on va ralentir celui-ci par la respiration : en inspirant doucement durant 5 secondes et en expirant durant 5 secondes pendant 5 minutes, le rythme cardiaque se régularise : sa courbe qui est assez chaotique en temps normal se met à osciller de façon très régulière.

4. Évitez les impasses, faite de bonnes révisions

Mieux vous révisez, mieux vous maîtrisez les outils pour réussir votre examen, ce qui accroît normalement votre confiance. Pour

Scénario 4 • Se préparer pour la période des examens | 69

limiter le stress, appliquez ces règles simples d'organisation :

– Faites un planning de révisions afin de répartir tout le programme dans le temps disponible ;
– Alternez les matières et faites des pauses régulières pour garder bonne concentration et efficacité ;
– Ne faites pas d'impasse ; la peur de tomber dessus serait un gros facteur de stress le jour J ;
– Entrainez-vous aux exercices de l'examen ;
– La veille de l'examen, ne révisez pas, afin de ne pas arriver trop fatigué ; détendez-vous et préparez bien vos affaires.

5. Chassez les idées négatives

Vous êtes déprimé et découragé ? Vous vous dites tout le temps que vous n'allez pas réussir ? Vous vous imaginez en train de rater ? Si ces pensées négatives tournent en boucle dans votre tête, il faut d'abord les repérer. Puis les remplacer par d'autres pensées. La confiance en soi se nourrit de la répétition d'expériences réussies et de petites victoires accumulées. Alors quand une idée déprimante arrive, repensez vite aux difficultés que vous avez déjà franchies.

6. Limiter au maximum l'inconnu

Dans un examen, il restera toujours une part d'inconnu - le sujet qui tombera, l'examinateur qui vous corrigera, les idées que vous aurez ou pas. C'est cet inconnu qui peut générer du stress. Il vous faut donc tout faire pour réduire la part d'incertitude et d'inconnu sur laquelle vous pouvez agir :

– Entraînez-vous à l'avance à maîtriser les méthodes qu'il faudra employer à l'examen ;
– Si possible, repérez bien l'itinéraire, le temps de transport, les locaux où vous passerez votre examen ;
– Exercez-vous à réaliser les exercices dans les temps ; passez des examens blancs ou exercez-vous en vous chronométrant car le manque de temps est une grosse source de stress durant les épreuves ;
– Pour un oral, interrogez-vous avec des amis pour vous mettre en situation.

7. Lisez calmement votre sujet et n'allez pas trop vite !

Ça y est, vous êtes à votre table d'examen. On distribue les sujets, votre cœur bat la chamade. Bon. Et si vous respiriez lentement et profondément deux-trois fois ? Quel est le plus important à ce moment-là ? C'est de lire votre sujet en entier avec calme et attention. Ne vous précipitez pas, mais prenez un peu de hauteur, soit pour choisir votre sujet (s'il y a un choix), soit pour réfléchir à votre stratégie. Éventuellement, si l'épreuve est longue, organisez votre temps ou appliquez la méthode que vous avez déjà testée. Plusieurs fois au milieu de l'épreuve, quand vous sentez à nouveau la pression vous envahir, levez le nez de votre feuille, regardez au loin et respirez profondément. Buvez un peu d'eau et revenez calmement à votre copie.

8. Et relisez-vous tranquillement

Le temps s'écoule, l'épreuve s'achève, vous avez le cerveau en compote, et peut-être le moral « en dessous des chaussettes » si vous n'avez pas eu le temps de tout faire ou que vous n'avez pas tout résolu. Là encore, le stress et l'émotion risquent de vous empêcher de vous relire efficacement. C'est pourtant une étape essentielle qui peut souvent vous permettre de gagner in extremis de précieux points. Tâchez donc de vous relire une voire deux fois en ciblant à chaque fois un objectif différent : ponctuation, orthographe, ou bien cohérence des unités, vérification des résultats... N'oubliez pas non plus de rendre toutes vos feuilles...

Source : https://www.reussirmavie.net/Examens-comment-gerer-le-stress_a2821.html

Langage inclusif

Tableau récapitulatif de l'écriture inclusive dans le scénario 4 du module I

	Forme au masculin	Forme au féminin	Forme inclusive de toutes les identités de genre et sans hiérarchie entre les genres
Mots qui représentent une identité de genre (noms, déterminants, adjectifs, participes passés, pronoms, etc.)	1. *il* 2. *le*	1. *elle* 2. *la*	1. *iel* 2. *le·la*
Noms de professions et de métiers	3. *professeur*	3. *professeure*	3. *professeur·e*
	4. *étudiants*	4. *étudiantes*	4. *étudiant·e·s*
	5. *président*	5. *présidente*	5. *président·e*
	6. *animateur*	6. *animatrice*	6. *animateur·trice*

Bravo, vous avez terminé le scénario 4 du module I !

PROJET DE FIN DE MODULE

Je prépare une présentation et une animation d'un débat public

Vous vous êtes **occupé** de vous, et il est maintenant temps de présenter vos idées.
Un de vos **amis**, **enseignant** dans une école secondaire, vous demande de préparer une présentation qui sera suivie d'un petit débat public avec tous les élèves, dans le gymnase de l'école. Le débat de 20 minutes portera sur les difficultés et l'utilité des longues études universitaires dans la société actuelle. Comme il s'agit d'une école située dans une zone sensible de nouvelle immigration, l'**enseignant** vous demande d'être particulièrement **attentif** à ne pas décourager les élèves, au contraire à les motiver et à les rassurer. Vous préparez une série de points clés que vous exposerez à l'**enseignant** avant la présentation et le débat. Puis vous faites votre présentation et vous animez le débat.

Voici quelques exemples d'éléments à inclure dans la préparation de votre présentation :

a) la transition entre le secondaire et l'université ;
b) les difficultés d'adaptation au système universitaire ;
c) l'importance de l'organisation et de la planification ;
d) le choix d'habiter sur le campus ou en dehors du campus, **seul**, en colocation ou en famille ;
e) la possibilité de s'investir dans la vie extracurriculaire (associations et regroupements d'**étudiants**, etc.) ;
f) le choix de pratiquer une activité physique régulière sur le campus, etc.

Langage inclusif

Tableau récapitulatif de l'écriture inclusive dans le projet de fin de module I

	Forme au masculin	Forme au féminin	Forme inclusive de toutes les identités de genre et sans hiérarchie entre les genres
Mots qui représentent une identité de genre (noms, déterminants, adjectifs, participes passés, pronoms, etc.)	1. attentif 2. occupé 3. seul 4. un 5. ami/amis	1. attentive 2. occupée 3. seule 4. une 5. amie/amies	1. attentif·ve 2. occupé·e 3. seul·e 4. un·e 5. ami·e/ami·e·s
Noms de professions et de métiers	6. enseignant 7. étudiant/étudiants	6. enseignante 7. étudiante/étudiantes	6. enseignant·e 7. étudiant·e/étudiant·e·s

Bravo, vous avez terminé le module I !

Module II

Des projets de vacances hivernales !

Bilan du module II

Scénarios	Mise en train et diagnostic	Réception, interaction, production et médiation	Observation et entraînement linguistiques	Regards pluriculturels, plurilingues et sociolinguistiques	Tâche finale
Scénario 1 Choisir une destination pour les vacances	• Vers les pays du Sud ou du Nord ?	• Consulter des cartes géographiques et des brochures touristiques • Établir une liste organisée de choix justifiés sur les destinations de vacances • Exprimer ses goûts, ses intérêts et ses choix • Faire des courses dans un marché local d'un pays francophone • Préparer sa recherche sur les pays choisis et les motivations de ses choix	Grammaire • Les formes adverbiales et adjectivales pour exprimer ses goûts	• Découvrir le Québec autochtone • « Guadeloupe, couleur Caraïbes » Regards pluriculturels • Sites de l'UNESCO du Québec	• Présenter sa recherche sur les pays choisis et les motivations de ses choix en relation avec les activités de vacances
Scénario 2 Planifier le transport	• Les moyens de transport que vous préférez	• Choisir un mode de transport en consultant des sites Internet et des horaires • Se renseigner sur les moyens de transport et de déplacement et en discuter • Acheter un titre de transport au téléphone	Grammaire • Les verbes de préférence • Les locutions prépositionnelles Lexique • Les moyens de transport et de déplacement, le prix et la durée des trajets		• Acheter un titre de transport en ligne, au téléphone ou à un guichet en personne

Scénarios	Mise en train et diagnostic	Réception, interaction, production et médiation	Observation et entraînement linguistiques	Regards pluriculturels, plurilingues et sociolinguistiques	Tâche finale
Scénario 3 Effectuer des recherches et réserver un logement de vacances	• Quelles sont les images d'hébergement les plus attrayantes ?	• Se renseigner sur les types de logement en consultant des sites Internet • Trouver un logement en ligne • Présenter, sur une affiche, les avantages et les inconvénients des divers types d'hébergement	Grammaire • Distinguer les verbes transitifs et intransitifs Lexique • Les types de logement	• Les diversités francophones des Amériques	• Se faire l'**avocat** d'un type d'hébergement pour convaincre **quelqu'un** (diaporama, vidéo ou autre format)
Scénario 4 Planifier une excursion	• Les goûts et les préférences de loisirs	• Se renseigner sur les destinations et activités possibles de loisirs sur Internet • Discuter des activités de loisirs préférées • Planifier le voyage (hébergement, restauration, loisir, équipement spécial, moyens de transport, budget)	Grammaire • Adverbes de fréquence • Le comparatif et le superlatif Lexique • Les loisirs touristiques, sportifs et culturels • Les formules d'émerveillement et de déception	• Le tutoiement et le vouvoiement	• Inviter **un ami** et planifier un voyage ensemble (production orale, production écrite)
Projet de fin de module II — **Je crée une brochure touristique.**					

Projet de fin de module II
Je crée une brochure touristique.

Langage inclusif

Tableau récapitulatif de l'écriture inclusive dans le bilan du module II

	Forme au masculin	Forme au féminin	Forme inclusive de toutes les identités de genre et sans hiérarchie entre les genres
Mots qui représentent une identité de genre (noms, déterminants, adjectifs, participes passés, pronoms, etc.)	1. *un*	1. *une*	1. *un·e*
	2. *ami*	2. *amie*	2. *ami·e*
	3. *avocat*	3. *avocate*	3. *avocat·e*
	4. *quelqu'un*	4. *quelqu'une*	4. *quelqu'un·e*

SCÉNARIO 1
Choisir une destination pour les vacances

Vous avez besoin de vacances et avez décidé de partir en voyage pendant l'hiver, mais vous ne savez pas quelle destination choisir. Le monde francophone est vaste et offre de nombreuses possibilités. Allez-vous choisir un lieu dans l'hémisphère nord pour des vacances dites d'hiver, avec des activités saisonnières telles que le ski, la raquette, la motoneige, etc. ? Ou allez-vous choisir de voyager dans l'hémisphère sud pour des vacances d'hiver au soleil, avec la possibilité de passer du temps sur la plage, de vous baigner, de faire de la plongée sous-marine, etc. Vous allez devoir effectuer des recherches, communiquer vos résultats, finaliser votre choix et comparer avec vos partenaires.

Descripteurs

- ❏ Je peux répondre à un questionnaire sur le thème des vacances dans un pays ou une région francophone.
- ❏ Je peux lire une variété de documents écrits (brochure touristique, carte du monde francophone, site Internet et poème) pour y recueillir des informations et y relever du vocabulaire lié à l'expression de mes choix, de mes goûts en matière de destination de vacances et de préférence culinaire.
- ❏ Je peux interagir dans un restaurant en demandant des clarifications pour mieux comprendre le menu et ajuster ma commande.
- ❏ Je peux comprendre et participer à une discussion sur les choix et les goûts.
- ❏ Je peux interagir dans un marché en demandant des explications sur les produits locaux pour faire mes achats.
- ❏ Je peux présenter le résultat de mes recherches sur la destination francophone de mon choix sous la forme d'une vidéo.

Mise en train et diagnostic

Questionnaire – Vers les pays du Sud ou du Nord ?

1 Avez-vous envie de voyager loin en prenant l'avion ou préférez-vous rester à quelques heures de voiture de chez vous ?

2 Quelles sont les activités que vous aimez pratiquer en vacances ?

3 Préférez-vous découvrir un nouveau lieu ou aller dans un endroit connu ?

4 Aimeriez-vous rencontrer des gens d'une autre culture que la vôtre et vous faire de nouveaux amis dans le monde francophone ?

Module II • Des projets de vacances hivernales !

Étape 1 (réception écrite et audiovisuelle)
Penser aux différentes destinations et consulter des cartes géographiques et des brochures touristiques

Les cartes géographiques
Consultez la carte de l'Amérique francophone à la page suivante et réagissez :

1. Est-ce que vous saviez qu'il y avait autant de pays où l'on parlait le français dans les Amériques ?
   _____

2. Saviez-vous que le monde francophone s'appelle aussi « la francophonie » ? Quelle formule préférez-vous et pourquoi ?
   _____

3. Est-ce que le Canada fait partie de la francophonie ?
   _____

4. Combien de pays composent la francophonie ?
   _____

5. Qu'est-ce que la francophonie représente pour vous ?
   _____

6. Quelle définition donneriez-vous de la francophonie ?
   _____

7. Aimeriez-vous faire un stage [1] ou vous engager dans une association [2] qui soutient le rayonnement de la francophonie ?
   _____

> 1. Stage : apprentissage pratique et expérientiel des connaissances vues dans un programme d'étude (anglais : *internship*).
> 2. Association : organisme à but non lucratif (anglais : *non-profit organization*).

Scénario 1 • Choisir une destination pour les vacances | 81

LA FRANCOPHONIE *des Amériques* C'EST PLUS DE 33 millions de FRANCOPHONES ET DE FRANCOPHILES !

CANADA — 10.4 M CANADA
Il existe de nombreuses occasions de célébrer la francophonie.

ÉTATS-UNIS — 11 M ÉTATS-UNIS
Au 19e siècle, les Canadiens-français ont traversé la frontière du sud vers les États-Unis. Maintenant, on y retrouve des millions de leurs descendants.

MEXIQUE
Il y a 350 000 apprenants du français au Mexique.

CARAÏBES — 9.7 M ESPACE CARAÏBE
Les festivités culturelles sont nombreuses, soulignant à la fois leur héritage français et créole.

COSTA RICA
Il y a 400 000 apprenants du français au Costa Rica car l'enseignement en français y est obligatoire.

BRÉSIL — 2.8 M AMÉRIQUE DU SUD
Au Brésil, on retrouve le plus grand nombre de locuteurs du français en Amérique latine.

Travaillons ensemble à faire rayonner la francophonie des Amériques !

CLE INTERNATIONAL
Distribué au Mexique et en Amérique Centrale par
Difusora Larousse México S. A. de C.V.
+52 (55) 1102 1314
sscle@larousse.com.mx
www.cle-international.mx

www.francophoniedesameriques.com

Québec
www.quebec.ca/mexico

Source : Centre de la Francophonie des Amériques

82 | Module II • Des projets de vacances hivernales !

Regardez la vidéo Nous sommes la francophonie des Amériques (youtu.be/8TkRdvg9KRU) pour en savoir plus et répondez aux questions suivantes :

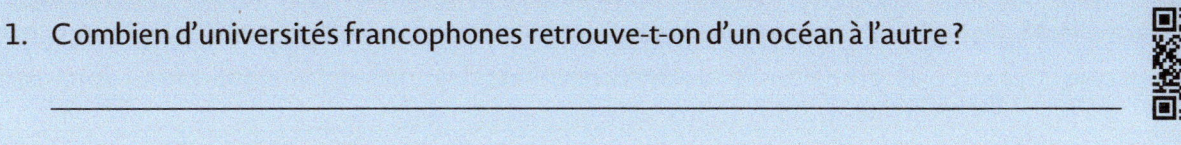

1. Combien d'universités francophones retrouve-t-on d'un océan à l'autre ?
   _____

2. Pouvez-vous citer une fête francophone ou un festival francophone au Canada ?
   _____

3. Que veut dire le mot « descendants » ? Expliquez.
   _____

4. À part la Louisiane, où se situent les autres communautés francophones aux États-Unis ?
   _____

5. Combien de millions de personnes s'expriment en français dans les Caraïbes ?
   _____

6. Pouvez-vous citer une fête ou un festival célébrant la culture et l'héritage créoles dans les Caraïbes ? Au Canada ?
   _____

7. En Amérique latine, le français est l'une des langues étrangères les plus étudiées. Sur un podium de un à trois, quelle est la position occupée par le français ?
   _____

8. Quel est le pays d'Amérique latine où le français est enseigné obligatoirement à l'école ?
   _____

9. Quel est le pays d'Amérique latine qui compte le plus grand nombre de francophones ?
   _____

10. Selon vous, pourquoi la demande d'apprentissage du français dépasse-t-elle l'offre ? De quoi manque-t-on pour pouvoir rétablir l'équilibre entre l'offre et la demande ?
    _____
    _____
    _____
    _____

Partir à l'aventure de manière spontanée
Jeu interactif

Et si je laissais le hasard me guider ? Si vous avez un globe terrestre à la maison, faites-le tourner, fermez les yeux, posez votre doigt, ouvrez les yeux et regardez votre destination : surprise ! Assurez-vous qu'il s'agit bien d'une destination francophone. Si votre lieu ne fait pas partie de la francophonie, rendez-vous au pays francophone le plus proche ou faites à nouveau tourner le globe. Tada !

Si vous n'avez pas de globe terrestre, vous pouvez utiliser une carte interactive en ligne, par exemple sur le site *Comptoir des voyages* (comptoir.fr), où vous trouverez votre destination surprise en un clic.

Les brochures touristiques

- Découvrez le Québec autochtone. Consulter les cartes et les descriptions des trois destinations suivantes sur le site *Tourisme autochtone* (tourismeautochtone.com).

TOURISME AUTOCHTONE QUÉBEC

QUOI FAIRE ?   NATIONS   RÉGIONS   MAGAZINE ORIGIN(E)   RENCONTRES AUTOCHTONES

English
Recherche

À LA PORTE DE L'IMMENSITÉ

La Côte-Nord est un territoire de démesure (240 000 km²!) où, entre terre et mer, les sens prennent littéralement le large sur 1300 km de côte... Des cours d'eau puissants au cœur de la forêt boréale, des panoramas grandioses et des ressources naturelles abondantes, la Côte-Nord offre un univers à nul autre pareil. On y vient pour vivre la nature, observer les baleines, et pour s'imprégner d'un patrimoine riche et varié.

Sur ce côté de l'estuaire, les Innus, que les Européens dénommèrent « Montagnais », forment la nation la plus populeuse du Québec. En langue innue-aimun, innu signifie « être humain ». Parmi les huit communautés innues de la Côte-Nord, celles d'Essipit et de Nutashkuan (Natashquan) sont sans doute les plus connues. Beaucoup plus au nord, les Naskapis forment une communauté unique, en prise directe avec la toundra, la taïga et les hardes de caribous.

DÉCOUVREZ LES ENTREPRISES

TOURISME CÔTE-NORD
1 888 463-5319
1 888 463-0808
info@cotenordqc.com
tourismecote-nord.com

---

84 | Module II • Des projets de vacances hivernales !

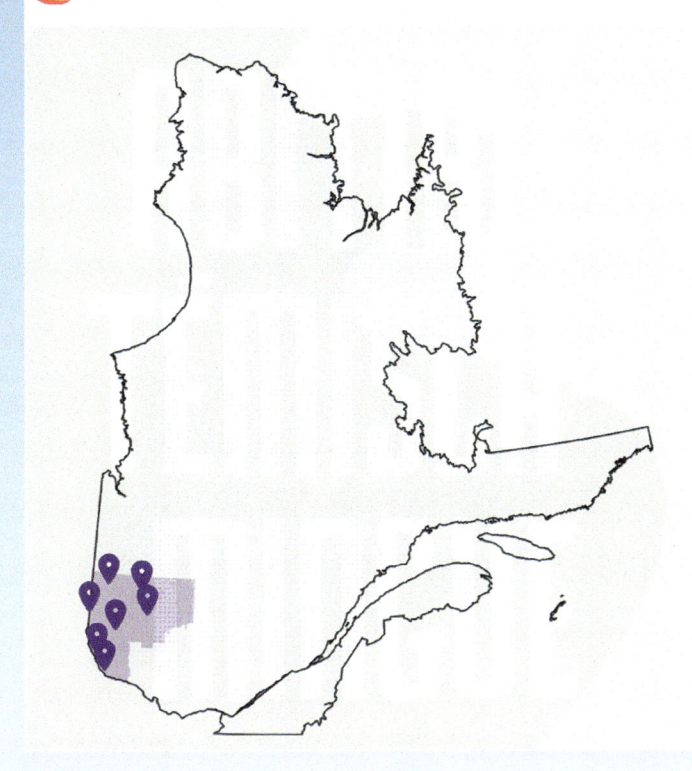

L'APPEL DE L'OUEST

Le territoire des forêts et de lacs formé par l'Abitibi-Témiscamingue et par l'Outaouais couvre près de 100 000 km². Si on associe l'ouest québécois aux coureurs des bois et aux chercheurs d'or, il faut se rappeler que c'est surtout le pays des Anishinabeg depuis plus de 8000 ans.

Les Algonquins forment neuf communautés, au Québec. Proches des villes ou isolés, les « vrais hommes » (le sens littéral du nom « Anishinabeg ») maintiennent toujours un lien fort avec leur mode de vie ancestral, leur culture et leur langue. D'ailleurs, les premiers explorateurs français ont utilisé des mots algonquins pour nommer des caractéristiques topographiques du territoire. Par exemple, Québec provient de l'algonquin kébec, qui signifie « là où le fleuve rétrécit ». Le mot « Abitibi » désigne l'endroit « où les eaux se divisent », en référence à la ligne de partage des eaux qui traversent la région. Témiscamingue évoque « le lac profond ».

DÉCOUVREZ LES ENTREPRISES

TOURISME ABITIBI-TÉMISCAMINGUE

819 762-8181
1 800 808-0706
info@atrat.org
tourisme-abitibi-temiscamingue.org

AU CENTRE DES CULTURES

Montagneuse et sauvage, la région de la Mauricie déploie des trésors de contrastes entre la vie urbaine de la vallée du Saint-Laurent et la nature indomptée de l'arrière-pays.

Côté nord, bienvenue chez les Atikamekws. Côté sud, les Abénakis vous attendent dans la région Centre-du-Québec.

À Wemotaci et Opitciwan, les Atikamekws, jadis appelés « Têtes-de-boule » en raison de leurs coiffes, tracent leur chemin entre respect des traditions et de l'environnement et développement économique. Le travail artisanal de l'écorce est réputé, tandis que la vannerie en frêne et en foin d'odeur reste l'une des spécialités des Abénakis, dont les deux communautés - Odanak et Wôlinak - sont situées dans les plaines fertiles du Centre-du-Québec, au sud du Saint-Laurent.

DÉCOUVREZ LES ENTREPRISES

TOURISME CENTRE-DU-QUÉBEC

819 364-7177 poste 300
1 888 816-4007
info@tourismecentreduquebec.com
tourismecentreduquebec.com

Scénario 1 · Choisir une destination pour les vacances

- Décrivez la géographie des trois régions représentées dans les cartes ci-dessus.

    1. Dans quelles zones retrouve-t-on des panoramas grandioses?

    2. Où peut-on visiter la forêt boréale et la mer dans la même journée?

    3. Où a-t-on cherché de l'or?

    4. Où peut-on vivre une expérience urbaine et aussi une aventure dans la nature?

- Quelles nations autochtones sont présentes sur la Côte-Nord? en Abitibi-Témiscamingue? en Mauricie?

    - Côte-Nord : _____

    - Abitibi-Témiscamingue : _____

    - Mauricie : _____

- Les activités touristiques. Où iriez-vous pour :

    - Voir des baleines : _____
    _____

    - Vous procurer des objets d'artisanat de l'écorce[3] :
    _____

    - Observer la fabrication de la vannerie[4] en frêne[5] et en foin d'odeur[6] : _____

> 3. Écorce : ensemble de couches cellulaires de l'axe des végétaux vasculaires, entourant le cylindre central, séparé de celui-ci par un endoderme et recouvert extérieurement par un épiderme (anglais : *bark*).
>
> 4. Vannerie : fabrication d'objets tressés à l'aide de tiges fines et flexibles, dont les principales sont celles en osier et en rotin (anglais : *basketwork*).
>
> 5. Frêne : arbre forestier (oléacée) à feuilles opposées et pennées, à écorce grisâtre et lisse, dont les fruits sont des samares (anglais : *ashtree*).
>
> 6. Foin : fourrage séché destiné à l'alimentation des herbivores (anglais : *hay*) ; foin d'odeur (anglais : *sweetgrass*).

- Après avoir considéré toutes ces informations, dans quelle région aimeriez-vous séjourner? Justifiez votre choix.

_____
_____
_____
_____

Étape 2 (médiation à l'écrit)
Établir une liste organisée de choix justifiés

Consultez le document « L'automne au Québec » à partir du site *Bonjour Québec* (https://www.bonjourquebec.com/fr-ca/decouvrir/saisons/automne).

Présentez 10 lieux géographiques de votre choix à partir des 20 proposés à la page 3 « La carte des couleurs automnales ». Faites une liste justifiée de type « pour ou contre ». Reportez dans le tableau ci-dessous les 10 lieux choisis et vos raisons pour et des raisons contre que **quelqu'un** pourrait avoir.

Destinations	Raisons pour	Raisons contre
1.		
2.		
3.		
4.		
5.		
6.		
7.		
8.		
9.		
10.		

Regards pluriculturels

Saviez-vous qu'il y a des sites UNESCO au Québec ? Le site *Bonjour Québec* vous en parle (https://www.bonjourquebec.com/fr-ca/quoi-faire/culture-art-et-patrimoine/sites-reconnus-par-l-unesco).

Relevez le nom des 8 sites de l'UNESCO du Québec et indique deux de leurs caractéristiques (où, est-ce que cela représente quelque chose du point de vue historique, etc.) :

1. _____

2. _____

Scénario 1 · Choisir une destination pour les vacances | 87

3. _____
   _____
4. _____
   _____
5. _____
   _____
6. _____
   _____
7. _____
   _____
8. _____
   _____

Module II • Des projets de vacances hivernales !

Étape 3 (réception et interaction écrite et orale)
Exprimer ses goûts, ses intérêts et ses choix

De multiples raisons incitent une personne à choisir une destination de vacances. Cette activité vous invite à apprécier la diversité francophone selon la perspective alimentaire locale : dans un restaurant, dans le terroir autochtone canadien, dans un marché français et marocain.

Activités grammaticale et vocabulaire

Utilisez les formes adverbiales et adjectivales pour exprimer ses goûts, ses intérêts et ses choix

1) Décrire par la grammaire : imaginez-vous dans un restaurant d'un pays francophone. Comment décrivez-vous les saveurs nouvelles que vous allez goûter ? Regardez l'extrait du poème ci-dessous et relevez un verbe et deux adverbes qui expriment le goût.

> Si le déjeuner est trop mauvais, d'accord, on se tait,
> On paie, on rentre à la maison, on ne fait pas d'article,
> Mais si la soupe est trop bonne, je chausse mes bésicles [1]
> Et je chante le goût des mets [2], le charme du troquet [3].
>
> Source : Extrait de « Cantique des critiques » (Paul Fournel, *Le bel appétit*. POL. 2015. 128).

1. Bésicles (archaïsme) : lunettes (*glasses*).
2. Mets : les plats (*meals*).
3. Troquet (fam.) : le lieu où l'on mange (désigne principalement un café, mais peut être utilisé pour n'importe quel lieu, sauf si le prestige du lieu est élevé : par exemple, on ne dirait pas « un troquet » d'un restaurant étoilé).

- Remarquez la double utilisation de l'adverbe « trop ». Les deux utilisations ont-elles le même sens ?
- Réutilisez l'adverbe « trop » dans une phrase qui caractérise votre goût pour un plat culinaire de votre choix.

2) Décrire par le vocabulaire : une écriture symbolique et engagée. La nourriture peut aussi se prêter à une symbolique précise. Par exemple, dans le poème ci-dessous de l'autrice innue Natasha Kanapé Fontaine, la nature représente le symbole de la richesse autochtone qui résiste à la dépossession par le colon.

> **La réserve I**
>
> […]
> Tu avaleras
> Mes grenades rouges
> Mes canneberges
> Mes saumons mes truites
> Nos colères fumées
> Tu goûteras ma joie
> Fruit de l'amertume
> Jus sucré de la révolte
> […]
>
> Source : Extrait de « La réserve I » (Natasha Kanapé Fontaine. *Bleuets et abricots*, Montréal, Mémoire d'encrier, 2012, 55-56).

- Relevez le vocabulaire relié à la nourriture dans le poème de Natasha Kanapé Fontaine.
- Qu'est-ce que ces éléments de nourriture lui permettent d'exprimer ?
- Si vous deviez représenter votre terre d'origine par des éléments de nourriture, lesquels choisiriez-vous ?
- En groupes, exprimez ces éléments de nourriture dans votre langue d'origine et présentez-les à votre groupe. Essayez de trouver ensemble ce que ces termes seraient en français (vous pouvez utiliser un dictionnaire ou une recherche en ligne).

3) La grammaire et le vocabulaire en action : imaginez-vous maintenant aller faire vos courses dans un des marchés[4] de la destination francophone de votre choix.

4. Marché : lieu où les produits sont frais et où l'interaction est forte entre la personne qui achète et celle qui vend.

Lire le texte ci-dessous comme exemple.

> **Les courses**
>
> Quiconque fait ses courses, comme le dimanche, reconnaît les *bons* morceaux des *bas* et sait leurs différences. Il est à noter qu'au marché, le contraire de « *bas* » n'est pas « *haut* » mais bien « *bon* ». Il est vrai que certains *bons* morceaux (je pense au pied de cochon) se trouvent dans la partie basse de la bête et que le risque de confusion est patent[5]. (Il est à noter que ce serait encore plus risqué pour le poireau.)

5. Patent : évident.

Module II • Des projets de vacances hivernales !

« Donnez-moi, s'il vous plaît, un *beau* morceau dans les *bons* morceaux. » Alors là, on entre dans le nec plus ultra, le moment où votre boucher au col bleu-blanc-rouge va donner le meilleur de lui-même et de la bête. Il affûte déjà son couteau.

Un *beau* morceau dans les *bas* morceaux est-il exactement comme un *beau* morceau dans les *bons* ? Sans doute pas : dans les *bas*, un *beau* morceau voudrait plutôt dire un *gros* morceau, non ? Dans les *bons*, en revanche, *beau* ne veut dire que *beau*. C'est net. Il m'est arrivé de vivre dans des pays où mes beaux morceaux se trouvaient être des bas morceaux. Quelles orgies nous fîmes ! Ris de veau à San Francisco, rosto à Cairo.

Les étrangers souvent perdent leur beau, leur bon, leur bas. Ils ignorent où ils se trouvent, ils ne savent même plus ce qui est *bel* et bon.

Et où sont donc les *mauvais* morceaux ? Il en existe forcément, sinon il n'y aurait point de *bons*.

Sont-ils planqués sous la banque ? Où les cache-t-on et qui les mange ? « Mettez-moi donc un *moche mauvais* morceau ! » L'expression serait logique mais pas bouchère. L'expression est non marchande. Le commerce de viande ne fabrique que de la beauté. Il transforme les matières par alchimie bouchère : un *mauvais* steak, s'il le faut, deviendra vite un *bon* bourguignon (« excellent », s'il le faut).

Nous voici donc avec un *beau* morceau dans sa pleine beauté. Quel doit être son poids ?

Le *bon* bien sûr. Mais le *bon* poids est-il le juste poids ? On pourrait le penser, mais en vérité le *bon* poids n'est pas le poids, il est plus que le poids. 1 % ? 5 % ? 10 % ? Où commence le vrai *bon* poids ? Combien exactement pèse le *bon* kilo ?

On peut soupçonner fort le *bon* poids d'être à la tête de la cliente, ce qui somme toute est moins grave que quand le poids entier était à cette même tête.

Curieusement, il n'y a pas de *mauvais* poids. Il n'y a que des balances truquées. « Et avec ça ? » conclut l'artiste, ayant pesé au prix du *bon* morceau de son *gros* papier sulfurisé.

Me voici ensuite chez le fromager pour un peu de brie. « Il est très *beau*. Je vous en mets une belle part ? »

Scénario 1 · Choisir une destination pour les vacances

Ensuite, chez mon poissonnier en caban, je veux un chinchard[6] : « Je vous en mets un *beau* ? »

6. Chinchard : une espèce de poisson.

Et ainsi va mon *beau* matin qui ira son chemin et finira, c'est fatal, par *bon* déjeuner.

Source : Extrait de « Les courses » (Paul Fournel. *Le bel appétit*, Paris, POL, 2015, 43-45).

Dans le poème ci-dessus (« Les courses »), repérez les différents emplois des termes suivants et indiquez leur sens. Demandez-vous si le sens est le même et s'il est littéral ou figuré :

- « bon » (11 occurrences)
- « bons » (5 occurrences)
- « bas » (4 occurrences)
- « beau » (10 occurrences)
- « bel » (1 occurrence)
- « beaux » (1 occurrence)
- « gros » (2 occurrences)
- « moche » (1 occurrence)
- « mauvais » (4 occurrences)

Classez-les dans le tableau suivant, selon qu'ils sont utilisés comme des adverbes ou comme des adjectifs.

Pour la définition d'un adverbe et d'un adjectif, consultez le site complémentaire.

Adverbes	Adjectifs

92 | Module II · Des projets de vacances hivernales !

Et maintenant, selon vous, quelle est la différence entre un adverbe et un adjectif ?
Reliez les adverbes et adjectifs du tableau ci-dessus entre eux selon les types de relations suivantes :

Synonymes	Antonymes

Interagissez à l'oral : jeu de rôles plurilingue et de médiation

En groupes de deux, vous êtes en voyage dans un pays francophone que vous ne connaissez pas encore et votre objectif de la journée est de faire des courses dans un marché local pour préparer votre propre repas.

Regardez l'image (page suivante) et discutez entre vous de vos goûts et préférences, à partir de ce qui vous fait envie sur l'étalage du marchand et que vous voulez acheter (quatre ou cinq produits).

1. Pensez à réutiliser les adjectifs et adverbes que vous venez de voir dans le poème « Faire les courses ».
2. Exemples d'aliments : des poivrons, des carottes, du chou-fleur, des salades vertes (laitue, frisée, romaine, feuille de chêne, etc.), des pommes de terre, etc.

Fait interculturel

Comme l'actrice Sandrine Bonnaire (photo à la page suivante) dans le film *Prendre le large* (2017), vous décidez d'aller faire des courses dans un marché local. Allez-vous comprendre ce que vous dit **le marchand** ? Que vous soyez en visite dans un pays étranger ou dans votre propre région, les personnes qui vendent leurs produits au marché sont souvent des **paysans** qui parlent un patois[7] qui est difficile à comprendre pour des gens qui ne le parlent pas.

7. Patois : un parler local.

Dans le film, la scène d'interaction entre Sandrine Bonnaire et le marchand est une scène muette. Ce choix évite que deux personnes qui ne parlent pas la même langue se parlent sans se comprendre. En groupes de deux, écrivez le scénario de cette scène en construisant une stratégie de médiation (répéter, parler lentement, faire des gestes, faire un dessin, etc.) pour pouvoir établir une communication entre vous et le marchand.

Compréhension auditive : capsule vidéo « Guadeloupe, couleurs Caraïbes »

- Lien : apprendre.tv5monde.com/fr/exercices/a1-debutant/guadeloupe-couleurs-caraibes
- Durée : 2 min 12 s
- Objectif : choisir une glace en énonçant ses goûts et ses préférences
- Démarche : répondez aux questions suivantes en cochant la ou les bonnes réponses
- Défi : essayez de n'écouter le document que trois fois.

1. Regardez votre carte de la francophonie des Amériques (étape 1) et repérez où se situe l'archipel des îles de la Guadeloupe. Choisissez une réponse.
    - Entre la mer des Caraïbes et l'océan Pacifique
    - Entre la mer des Caraïbes et l'océan Atlantique
    - Entre l'océan Pacifique et l'océan Atlantique

2. Dans une boisson, quelles saveurs ont votre préférence, entre la passion, le gingembre et la fraise ?

3. Quels sont les deux ingrédients dans la glace « kilibili » ?

4. Quel est l'ingrédient principal dans la glace « platine » ? Choisissez une réponse.
   - la noisette torréfiée
   - la farine de manioc
   - la canne à sucre

5. Que veut dire le terme « authentique » lorsqu'il s'agit d'aliments ? Pourriez-vous trouver un synonyme ?

6. Qu'est-ce que le « dlo' doubout » ?

Réactions : le présentateur prend une boule de chacune des saveurs authentiques. Et vous, quelle(s) saveur(s) de glace choisiriez-vous ? Pourquoi ? Rédigez un paragraphe de quatre à cinq lignes.

_____

_____

_____

_____

_____

_____

_____

Scénario 1 • Choisir une destination pour les vacances

Étape 4 (production écrite)
Réinvestir les connaissances

Préparer sa recherche sur les pays choisis et formuler les motivations de ses choix en relation avec les activités de vacances.

Activité 1: Vous avez choisi une destination au soleil pour vos vacances d'hiver, en partie pour l'intérêt que vous portez à la cuisine de ce pays. Expliquez où vous souhaitez vous rendre, quand et pourquoi. Soyez **précis**, grâce aux expressions adverbiales et adjectivales d'appréciation ou de non-appréciation vues à l'étape 3.

- Destination:
- Date:
- Justification:

_____

_____

_____

_____

Activité 2: Vous avez choisi une destination à la montagne pour vos vacances d'hiver. Expliquez où vous irez, quand et pourquoi. Soyez **précis**, grâce aux expressions adverbiales et adjectivales d'appréciation ou de non-appréciation vues à l'étape 3.

- Destination:
- Date:
- Justification:

_____

_____

_____

_____

Faire le point

- Je réagis : Maintenant que j'ai réalisé toutes les activités du scénario 1, je fais part de mes commentaires à **mon professeur** sur :
    - ce que j'ai préféré faire comme activité ;
    - ce que j'ai appris ;
    - ce que je savais déjà ;
    - ce que j'aurais aimé ne pas avoir à faire et pourquoi.
- Pour développer mon apprentissage et mon autoréflexion sur les progrès accomplis, j'écris un rapport sur mon expérience pendant le déroulement du scénario 1.

Tâche finale (production orale)

Présentez votre recherche sous la forme d'une vidéo appuyée par un diaporama, portant sur les pays, les activités de vacances hivernales et les motivations de votre choix. Précisez si vous avez eu des hésitations et exprimez ce qui vous a permis de décider de votre choix.

La vidéo doit :
- présenter votre destination et expliquer comment vous êtes **arrivé** à ce choix ;
- être partagée dans l'espace sécurisé du cours (classe et *Learning Management System*) ;
- être présentée dans un forum organisé dans le cadre de la Semaine de la francophonie (mars).

Consultez ce tutoriel sur YouTube portant sur la manière de réaliser un montage vidéo : youtube.com/watch?v=Hb9yxjc78z8.

Vous pouvez également utiliser le compte Zoom auquel vous avez accès avec votre université. Consultez alors le tutoriel préparé par les services technologiques de votre université ou celui-ci : youtube.com/watch?v=ykg3qjRogtI.

Ce que je dois faire pour réussir la tâche finale :
- J'écris une liste des différentes possibilités (5 à 10 maximum) ;
- J'utilise les expressions adverbiales et adjectivales vues dans le scénario 1 ;
- J'utilise le vocabulaire du voyage (destination, hébergement, etc.) ;
- Je fais des recherches ;
- Je compare des documents ;

- Je répète mon texte à l'oral ;
- Je présente mon texte devant un partenaire ;
- Je me projette dans une expérience à vivre.

Ce que je dois rendre pour l'évaluation de la tâche finale :
- Un enregistrement vidéo de ma présentation ;
- J'inclus toute la documentation nécessaire sous forme d'un diaporama pour compléter la vidéo (documents et informations reliées à la recherche que j'ai faite sur les différentes destinations possibles : statistiques ; types d'offre culinaire, etc.).

Langage inclusif

Tableau récapitulatif de l'écriture inclusive dans le scénario 1 du module II

	Forme au masculin	Forme au féminin	Forme inclusive de toutes les identités de genre et sans hiérarchie entre les genres
Mots qui représentent une identité de genre (noms, déterminants, adjectifs, participes passés, pronoms, etc.)	1. nouveaux	1. nouvelles	1. nouveaux·elles
	2. amis	2. amies	2. ami·e·s
	3. précis	3. précise	3. précis·e
	4. arrivé	4. arrivée	4. arrivé·e
	5. un	5. une	5. un·e
	6. paysans	6. paysannes	6. paysan·ne·s
	7. le	7. la	7. le·la
	8. mon	8. ma	8. maon
Noms de professions et de métiers	9. professeur	9. professeure	9. professeur·e
	10. marchand	10. marchande	10. marchand·e

Bravo, vous avez terminé le scénario 1 du module II !

Scénario 1 · Choisir une destination pour les vacances | 99

SCÉNARIO 2
Planifier le transport

Vous avez décidé de partir en voyage pendant l'hiver. Votre choix est basé sur différents critères, notamment sur le moyen de transport que vous voulez prendre : voulez-vous faire un voyage en avion, en train, en voiture, en camping-car, en van, en deux roues, en canot[1] ? Cela dépend de la distance, du temps que vous avez, du niveau de confort que vous souhaitez avoir et de votre budget. Il est donc important de planifier !

1. Note plurilingue : au Canada francophone, le terme employé est « canot ». En France, on utilise plutôt le terme « canoë ».

Vous allez faire votre choix de moyen de transport et vous renseigner sur les promotions éventuelles à partir d'une recherche rapide en ligne.

Descripteurs

- ❏ Je peux répondre à un questionnaire sur le thème de mes choix de transport.
- ❏ Je peux consulter des documents spécialisés (sites de voyage sur Internet, horaire de transport) et y trouver du vocabulaire lié aux modes de transport et de déplacement, aux horaires, aux prix et à la durée des trajets.
- ❏ Je peux expliquer clairement mon choix de transport en comparant les informations obtenues pendant mes recherches.
- ❏ Je peux utiliser les mots-outils pour comparer les relations de préférence et de dépendance.
- ❏ Je peux utiliser les verbes de préférence et les locutions prépositionnelles qui me permettent de moduler mes préférences.
- ❏ Je peux acheter un titre de transport par téléphone en respectant les règles sociolinguistiques.

Mise en train et diagnostic

Questionnaire sur les moyens de transport que vous préférez

1 Quel est votre moyen de transport quotidien?

2 Avez-vous besoin de prendre l'avion pour vous sentir en vacances?

3 Quand vous partez en vacances, préférez-vous prendre la route, être autonome pour vos déplacements et libre de vos mouvements ou vous laisser transporter par une compagnie aérienne, ferroviaire ou routière?

4 Seriez-vous capable de conduire sur des routes enneigées ou sur une longue distance?

5 Quel est votre budget pour le transport?

6 Est-ce que la préservation de l'environnement est un critère de choix pour décider de votre moyen de transport?

Scénario 2 • Planifier le transport | 101

Étape 1 (réception écrite et audiovisuelle)
Choisir un mode de transport et consulter des sites de voyages sur Internet, des horaires de train, de bus, d'avion, etc.

Faites l'activité afin de vous familiariser avec les contenus nécessaires pour choisir un mode de transport.

Activité 1 : *Je prends le train l'Océan de VIA Rail, entre Montréal et Halifax.*

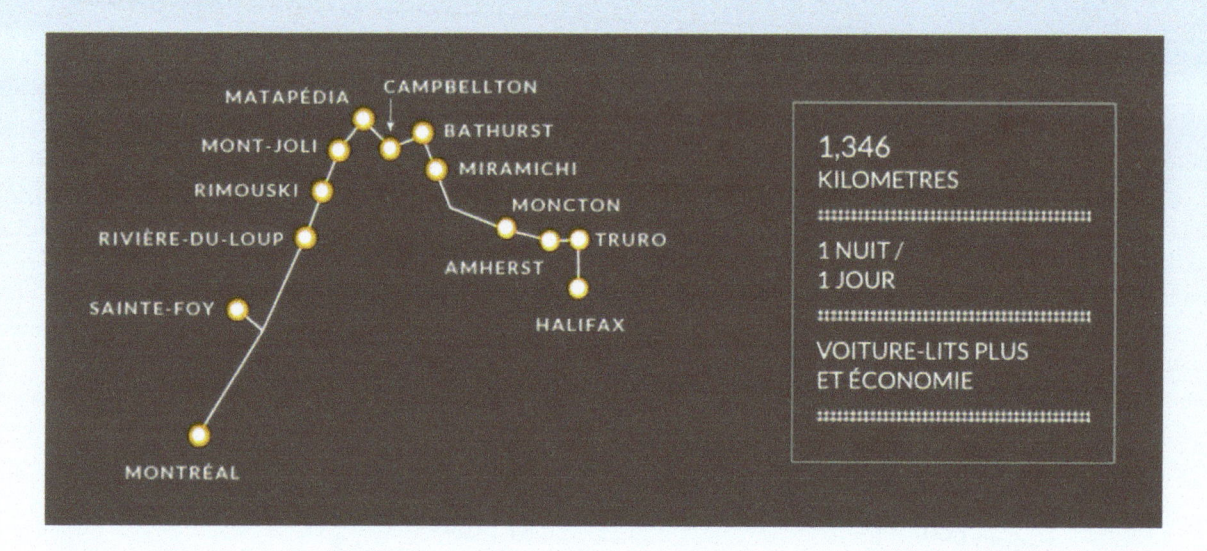

[Carte de l'itinéraire : MONTRÉAL — SAINTE-FOY — RIVIÈRE-DU-LOUP — RIMOUSKI — MONT-JOLI — MATAPÉDIA — CAMPBELLTON — BATHURST — MIRAMICHI — MONCTON — AMHERST — TRURO — HALIFAX]

1,346 KILOMETRES

1 NUIT / 1 JOUR

VOITURE-LITS PLUS ET ÉCONOMIE

Note : Une version complète de la brochure d'information est disponible sur le site web de la compagnie ferroviaire canadienne.

1. Faites une recherche d'horaires en ligne sur le site de la compagnie VIA Rail. Vous y trouverez l'écran ci-dessous. Chaque case vous permet d'insérer les informations pertinentes.

102 | Module II • Des projets de vacances hivernales !

2. Remplissez les différents champs selon les informations ci-dessous :

    - Départ de Montréal le 5 janvier (choisissez l'année en cours) :

    - Arrivée à Halifax le 6 janvier (choisissez l'année en cours) :

    - Voyageurs : un jeune (12-25 ans) ou ajustez à votre tranche d'âge.

3. Consultez l'horaire que vous avez généré et choisissez le train qui vous convient. Sauvegardez votre recherche en l'enregistrant ou en faisant une capture d'écran.

4. Indiquez les informations reliées à votre train en remplissant la liste ci-dessous.

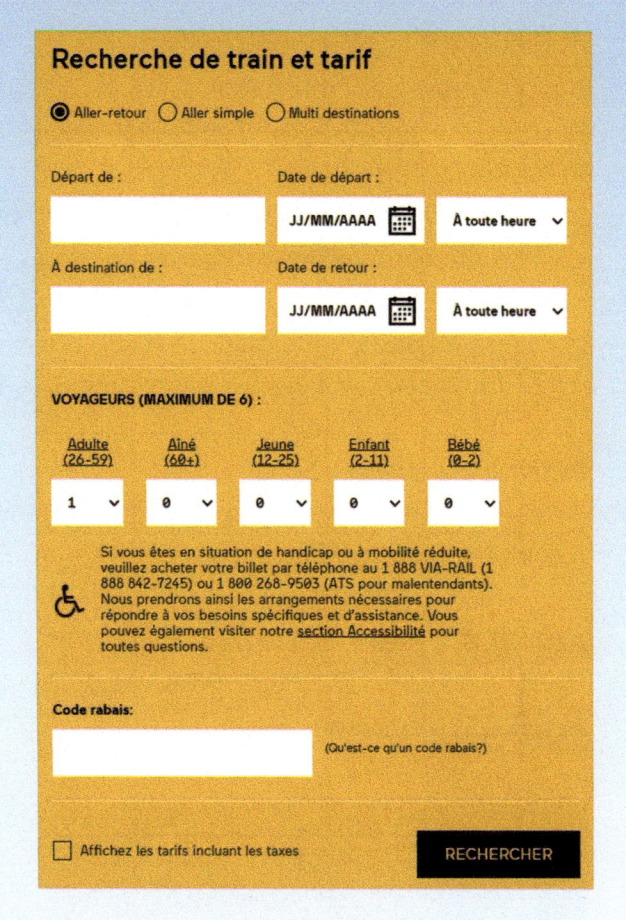

    - Départ : ....

    - Arrivée : ....

    - Jour : ....

    - Heure : ....

    - Nombre de **voyageurs** : ....

    - Âge des **voyageurs** : ....

    - Nombre d'arrêts : ....

    - Catégorie de réservation : ....

    - Possibilités de se restaurer pendant le voyage : ....

    - Possibilités de dormir pendant le voyage : ....

    - Possibilités d'annulation de la réservation : ....

Scénario 2 · Planifier le transport | 103

Activités 2-5 : Après avoir réalisé l'activité 1, vous pouvez maintenant choisir entre les activités 2, 3, 4 ou 5, que vous allez écrire à partir des recherches que vous avez faites.

Précisions :
- Réaliser au moins une activité de votre choix parmi les activités 2 à 5.
- Attention, toutes les catégories ci-dessus ne seront pas valables selon l'activité choisie : par exemple, il n'y aura pas de réservation à faire si vous prenez votre vélo, mais il y en aura une si vous louez un vélo (activité 5).
- Si vous préférez, faites toutes les activités 2 à 5.

Activité 2 : *Je prends le bus.*

Activité 3 : *Je prends l'avion.*

Activité 4 : *Je prends une voiture de location.*

Activité 5 : *Je prends mon vélo.*

Étape 2 (médiation à l'écrit et à l'oral)
Se renseigner sur les moyens de transport et de déplacement

Suggestion : Faites une liste de nouveaux mots accompagnés de leurs significations. Vous en aurez besoin pour l'exercice suivant, « Activités lexicales », portant sur la réutilisation du lexique.

Les différents moyens de transport :
- Les transports routiers : bus, voiture, moto, vélo, etc. ;
- Les transports ferroviaires : tramway, métro, train, etc. ;
- Les transports maritimes (sur de grandes distances et sur les mers ou les océans) : bateau, navire, etc. ;
- Les transports fluviaux (sur de petites distances et sur les fleuves ou les rivières) : péniche, traversier[1], barque, canot, kayak, etc. ;
- Les transports aériens : avion, hélicoptère, montgolfière, etc.

1. Note plurilingue : au Canada francophone, le terme employé est « traversier ». En France, on utilise plutôt le terme « ferry ».

Indiquez si ce sont des moyens de transport individuels (p. ex., vélo, canot) ou collectifs (bus, train, avion).
- Notez que la voiture peut être individuelle ou en formule de covoiturage.
- Notez que les transports collectifs peuvent être urbains[2] (métro, tramway, bus) ou interurbains[3] (train, bus grandes lignes).

2. Urbains : dans une ville.
3. Interurbains : d'une ville à une autre.

Activités lexicales

Utiliser le vocabulaire lié aux moyens de transport et de déplacement, au prix et à la durée des trajets.

A. Complétez les phrases suivantes en désignant le mode de transport dont il est question.

1. Je suis un moyen de transport individuel à deux roues et sans moteur. Que suis-je?
   _____
   _____.

2. Je suis un moyen de transport collectif urbain. Que suis-je? _____

3. Je suis un moyen de transport collectif interurbain. Que suis-je? _____

4. Je suis un moyen de transport individuel mais qui peut aussi devenir collectif. Que suis-je? _____.

5. Je suis un moyen de transport ferroviaire. Que suis-je? _____.

6. Je suis un moyen de transport aérien. Que suis-je? _____.

7. Je suis un moyen de transport fluvial. Que suis-je? _____.

8. Je suis un moyen de transport routier non-polluant. Que suis-je? _____.

B. Qui conduit quoi ? Sélectionnez la bonne réponse en fonction du moyen de transport indiqué et de *son conducteur*.

- Je conduis une voiture, je suis :

_____ **un** automobiliste
_____ **un** cycliste
_____ **un** pilote

- Je conduis une moto, je suis :

_____ **un** pilote
_____ **un motard**
_____ **un chauffeur**

- Je conduis un train, je suis :

_____ **un** pilote
_____ **un chauffeur**
_____ **un conducteur**

- Je conduis un avion, je suis :

_____ **un chauffeur**
_____ **un** pilote
_____ **un conducteur**

Étape 3 (production orale, écrite et activités interactionnelles)

Discuter des moyens de transport et de déplacement

Exprimer ses préférences en matière de moyens de transport et marquer des liens logiques entre les mots dans la phrase (cause, conséquence, etc.). Remplissez le tableau ci-dessous afin de chercher des arguments qui vous permettront de préciser vos choix et de les justifier.

Exemple
Je préfère prendre la voiture plutôt que prendre l'avion, parce que j'aime être autonome quand je voyage.

Moyens de transport Caractéristiques	Avion	Train	Bus	Voiture	Vélo
Durée					
Budget					
Niveau de pollution					
Degré d'autonomie					
Volume de bagages					

1. Je préfère prendre _____ que _____.

2. J'aime mieux aller à la plage en _____ qu'en _____.

3. Pour aller au travail tous les jours, je prends _____ plutôt que _____.

4. En vacances, je ne veux pas _____. Je préfère me faire _____.

5. Dans un pays que je ne connais pas, je préfère _____ plutôt que de prendre _____.

Activités grammaticales

Les verbes de préférence et les locutions prépositionnelles

Savoir exprimer ses préférences est important. Cela demande de savoir exprimer des nuances, comme vous l'avez vu dans l'extrait du *Bel appétit* de Paul Fournel avec le travail sur les adjectifs et les adverbes (scénario 1 du module II). Voici maintenant l'expression des nuances selon le choix des verbes. Classez-les dans l'ordre décroissant, de ce que vous aimez le plus à ce que vous aimez le moins.

Préférer

Plaire

Aimer

Aimer bien

Aimer mieux

Aimer beaucoup

Adorer

Ne pas aimer

Ne pas aimer du tout

Détester

S'intéresser à

Être *intéressé* par

C'est + adjectif (super, nul, excellent, pratique, plaisant, difficile, etc.)

Réutilisez maintenant quatre éléments de la liste ci-dessus dans les situations suivantes. Veuillez noter que vous pouvez utiliser ces verbes à d'autres formes que l'infinitif.

1. Robert s'est resservi cinq fois du plat principal. Serait-ce son plat _____ ?

2. Amélie _____ les épinards, mais elle _____ les haricots verts. (plusieurs possibilités)

3. Antonin et Rose _____ le bus. Ils ont fait un trajet en bus et ont eu si peur qu'ils ne recommenceront plus. Ils prendront maintenant leur vélo ! C'est meilleur pour l'environnement et pour leurs nerfs !

4. Janine _____ aller manger au restaurant. Elle le ferait tous les soirs si son budget le lui permettait.

Étape 4 (médiation à l'écrit et activité interactionnelle)
Réinvestir les connaissances

Préparer une conversation téléphonique pour acheter un titre de transport

1. Pour acheter un titre de transport, vous allez avoir besoin de regrouper des informations :
   a. Quel type de transport ?
   b. Quelle date ?
   c. Quel budget ?
   d. Quel moyen de paiement ?
   e. Quelle possibilité de remboursement ?
   f. Avec ou sans bagage ?
   g. **Seul** ou **accompagné** ?

2. Une fois ces informations réunies, préparez le dialogue qui va vous permettre de réserver votre billet. Pour cela, pensez à la situation sociolinguistique :
   a. Allez-vous tutoyer ou vouvoyer la personne ?
   b. Donnez un exemple des deux formes de formulations possibles.
   c. Sociolinguistique : Quel degré de politesse voulez-vous utiliser ?
      - J'aimerais
      - Pouvez-vous
      - Est-ce que je peux avoir
      - Est-ce que je pourrais avoir
      - Etc.

3. Écrivez votre dialogue en utilisant le vocabulaire spécialisé pour le moyen de transport que vous avez choisi.

4. Jouez la scène avec **un** partenaire. Vous êtes la personne qui achète et votre partenaire est la personne qui vend. <u>La scène ne doit pas durer plus de cinq minutes.</u>

5. N'oubliez pas d'inverser les rôles après quelques minutes.

Faire le point

- Je réagis : Maintenant que j'ai réalisé toutes les activités de ce scénario, je fais part de mes commentaires à mon professeur sur :
    - ce que j'ai préféré faire comme activité ;
    - ce que j'ai appris ;
    - ce que je savais déjà ;
    - ce que j'aurais aimé ne pas avoir à faire et pourquoi.
- J'écris un rapport sur mon expérience pendant le déroulement du scénario 2.

Tâche finale (production orale et activité interactionnelle)

Acheter un titre de transport

Pour réussir la tâche finale de ce module, je dois acheter un titre de transport.
- Dans un premier temps, il me faut choisir le titre de transport que je vais acheter.
- Je dois aussi choisir un moyen d'enregistrement que je pourrais avoir avec moi [mon téléphone suffit, mais je peux consulter mon professeur si j'ai des questions sur le matériel nécessaire à utiliser].
- Je me rends à un guichet en personne ou je réserve un titre de transport par téléphone.
- À vous de jouer !

Attention : il s'agit d'une situation expérientielle (authentique et réelle), ma conversation doit donc durer cinq minutes au maximum, afin de ne pas gêner les personnes qui attendent pour acheter leur billet.

Consultez ce tutoriel sur YouTube portant sur la manière de réaliser un montage vidéo : youtube.com/watch?v=Hb9yxjc78z8.

Vous pouvez également utiliser le compte Zoom auquel vous avez accès avec votre université. Consultez alors le tutoriel préparé par votre université.

Ce que je dois faire pour réussir la tâche finale :
- J'utilise le lexique relié au moyen de transport choisi ;

- Je fais des recherches pour connaître le prix à l'avance ;
- Je m'assure d'avoir de l'argent liquide sur moi ou d'être **prêt** à payer avec une carte ou par téléphone ;
- Je choisis le degré de politesse à utiliser pour cette action, en fonction de la situation sociolinguistique ;
- Je répète mon texte à l'oral afin de ne pas hésiter au guichet (ou au téléphone), alors qu'il faut parler en temps réel ;
- Je présente mon texte devant **un** partenaire ;
- Je me projette dans une expérience à vivre ;
- Je rends compte de mon expérience d'immersion dans le monde réel des moyens de transport.

Ce que je dois rendre pour l'évaluation de la tâche finale :
- Un enregistrement oral de mon interaction avec **un agent** de vente de billets de transport ;
- J'inclus toute la documentation nécessaire sous forme d'un diaporama pour compléter la vidéo (documents et informations reliées à la recherche que j'ai faite sur les différentes destinations possibles : statistiques ; types d'offre de moyens de transport, etc.).

Scénario 2 • Planifier le transport | 111

Langage inclusif

Tableau récapitulatif de l'écriture inclusive dans le scénario 2 du module II

	Forme au masculin	Forme au féminin	Forme inclusive de toutes les identités de genre et sans hiérarchie entre les genres
Mots qui représentent une identité de genre (noms, déterminants, adjectifs, participes passés, pronoms, etc.)	1. voyageurs	1. voyageuses	1. voyageur·euse·s
	2. un	2. une	2. un·e
	3. motard	3. motarde	3. motard·e
	4. intéressé	4. intéressée	4. intéressé·e
	5. seul	5. seule	5. seul·e
	6. accompagné	6. accompagnée	6. accompagné·e
	7. mon	7. ma	7. maon
	8. prêt	8. prête	8. prêt·e
Noms de professions et de métiers	9. chauffeur	9. chauffeuse	9. chauffeur·euse
	10. conducteur	10. conductrice	10. conducteur·trice
	11. professeur	11. professeure	11. professeur·e
	12. agent	12. agente	12. agent·e

Bravo, vous avez terminé le scénario 2 du module II !

SCÉNARIO 3

Effectuer des recherches et réserver un logement de vacances

C'est le moment de réserver un logement de vacances. Quel type de logement allez-vous choisir ? Êtes-vous plutôt hôtel, Airbnb, location, camping ou chambre chez l'**habitant** ? Il est difficile de se décider quand on ne connaît pas encore l'endroit où l'on se rendra, n'est-ce pas ? Peut-être un mélange de plusieurs types d'hébergement (quelques jours dans un type et quelques jours dans un autre) ? Renseignez-vous sur les services offerts, l'emplacement, le budget et toute autre caractéristique importante pour faire un choix éclairé que vous ne regretterez pas. Attention ! On peut toujours avoir des surprises une fois sur place...

Descripteurs

- ❏ Je peux réagir à un questionnaire visuel sur le thème de l'hébergement de vacances, afin d'exprimer mes préférences et de les justifier.
- ❏ Je peux faire des recherches en ligne pour trouver un hébergement de vacances et y relever du vocabulaire utile pour faire ma propre réservation.
- ❏ Je peux prendre des notes à partir d'un document lu sur le thème de l'hébergement de vacances.
- ❏ Je peux formuler, présenter mes choix d'hébergement avec mes partenaires.
- ❏ Je peux comparer et commenter sans jugement les choix de mes partenaires.
- ❏ Je peux préparer une liste reliée aux caractéristiques d'un hébergement, les « pour » et les « contre ».
- ❏ Je peux présenter oralement le résultat de mes recherches sur les hébergements de vacances, en variant les formules pour justifier mes choix.

Mise en train et diagnostic

Questionnaire sur vos goûts et préférences : quelles sont les images d'hébergement les plus attrayantes (voir ci-dessous) ?

Entourez vos deux premiers choix et préparez-vous à les justifier en indiquant le type d'hébergement et ce qui vous attire dans cette image.

114 | Module II · Des projets de vacances hivernales !

Étape 1 (réception écrite et audiovisuelle)
Se renseigner sur les types de logement à partir d'Internet

Je consulte un document racontant une expérience vécue : dormir dans un hébergement traditionnel autochtone ; « Allez à la rencontre de la nation atikamekw ». Le Domaine Notcimik, en Haute-Mauricie, veut promouvoir la transmission de la culture atikamekw en offrant des activités culturelles et expérientielles. Il propose également la possibilité de dormir dans des hébergements traditionnels. Consultez la brochure touristique (ci-dessous) pour lire les descriptions des trois types d'hébergements offerts. Vous ferez ensuite deux activités (vocabulaire et questions de compréhension) en lien avec la brochure.

Une rencontre authentique avec la nation atikamekw

Plus qu'un camping, le Domaine Notcimik se veut avant tout un havre en pleine nature lié à la **culture autochtone** où vous pourrez pratiquer de nombreuses **activités de plein air**. Nos partenaires et salariés sont issus majoritairement de la nation Atikamekw, et auront à cœur de vous faire vivre un séjour de qualité dans la nature mauricienne.

Tente prospecteur traditionnelle atikamekw

Autrefois, avant l'arrivée des Européens, les habitations des Atikamekw étaient construites de bois et recouvertes surtout d'écorce de bouleau et de peaux d'animaux. Depuis, c'est la tente de toile qui est utilisée, plus facile à transporter. Encore aujourd'hui, elle sert pour les activités culturelles, la chasse et la pêche. Y coucher c'est sentir le sapin frais qui tapisse le sol et fait voyager vos pensées dans le passé des Atikamekw.

    La tente peut accueillir jusqu'à 4 personnes.

Équipement inclus :
- 1 matelas de 54 pouces
- 2 matelas de 32 pouces
- Literie et oreillers non compris (possibilité de location)
- Chauffage au bois
- Petite cuisinière au propane
- Tout le nécessaire pour cuisiner
- Éclairage

Capitowan

Le capitowan est une tente par laquelle on entre à l'ouest et d'où l'on sort à l'est. Elle mesure 20 pieds par 40 pieds. C'est un lieu de rassemblement et de rencontre avec la culture atikamekw. On y va pour pratiquer différentes activités qui favorisent la transmission des connaissances, des pratiques, de l'expérience, de l'histoire et des enseignements atikamekw.

Équipement inclus :
- 6 matelas de 54 pouces et 8 matelas de 36 pouces
- Literie et oreiller non compris (location possible)
- Poêle à bois
- Cuisinière au propane
- Tout le nécessaire pour cuisiner

Tipis

Tipi signifie en langue sioux « Lieu pour habiter » : c'est l'habitat nomade des tribus nord-amérindiennes des grandes plaines. Il est composé de perches disposées en cône, d'une toile extérieure et d'une toile intérieure (*lining*), qui créent une ventilation permettant d'y faire un feu central. Sa grande hauteur permet un déplacement aisé, et une certaine fraîcheur en été.

L'été dans le tipi, c'est très confortable le jour, car il fait frais à l'intérieur, et la nuit, un petit feu rend le sommeil très confortable.

L'hiver, coucher dans un tipi, c'est faire du camping d'hiver à l'intérieur d'une tente. Dans le tipi, il y a un poêle à bois, donc c'est possible de se réchauffer. Ceux qui possèdent un très bon sac de couchage peuvent s'éloigner de la chaleur du poêle, et pour les autres, il vaut mieux veiller le feu pour qu'il ne s'éteigne pas !

Tipi de 20 pieds – Capacité de 4 personnes.

Équipement inclus :
- Un matelas de 54 pouces
- Un matelas de 32 pouces
- Literie et oreillers non compris (possibilité de location)
- Poêle à bois en hiver et feu au sol en été
- Bois en quantité suffisante pour la nuit
- Petite cuisinière au propane
- Tout le nécessaire pour cuisiner
- Éclairage
- Douche et eau potable au bloc sanitaire du Chalet Notcimik
- Les tipis éloignés du bloc sanitaire ont accès à des toilettes sèches en été. En hiver accès a une petite toilette portative

A. Remplissez les phrases suivantes avec les mots de vocabulaire de la brochure.

1. La nuit, je dors mieux avec un _____ sous la tête.
2. On préparera tous nos repas sur la _____.
3. Nous devons boire de l'_____ pour ne pas tomber malade.
4. Nous devons apporter notre propre _____. De toute façon, je préfère prendre mes draps et mes couvertures.
5. On aura suffisamment de lumière pour jouer aux cartes la nuit, car il y a de l'_____.

> literie
> éclairage
> cuisinière au propane
> oreiller
> eau potable [1]

1. Notons que l'eau potable n'est pas disponible sur toutes les terres autochtones.

B. Répondez aux questions suivantes.

1. Quelles activités se déroulent dans le *capitowan* ?
2. Avant le contact des Atikamekw avec les Européens, quels matériaux recouvraient la tente de **prospecteur** ?
3. En hiver, comment sont chauffés tous les hébergements ? Quels sont les avantages et les inconvénients de ce mode de chauffage ?
4. Lequel des hébergements n'est *pas* traditionnel dans la culture atikamekw ? Il vient de quelle région ?

C. Maintenant, choisissez votre hébergement !

1. Lequel des trois réserveriez-vous pour des vacances d'hiver ?
2. Expliquez les facteurs qui détermineront votre choix (le froid ? le tarif ? le nombre de personnes dans votre groupe ? etc.).

*Suggestion : *Mikwetc* veut dire « merci » en langue atikamekw. N'oubliez pas de remercier vos hôtes à la fin de la visite !

Je lis et je prends des notes : Consultez sur Internet la version en français des sites de logement les plus courants (*Airbnb, Expedia, Tripadvisor, Vrbo, Kayak*, etc.).

Scénario 3 • Effectuer des recherches et réserver un logement de vacances | 117

Étape 2 (médiation à l'écrit)
Trouver un logement en ligne

Activités lexicales

Utiliser le vocabulaire lié aux différents types de logements (hôtel, auberge, chalet, villa avec piscine, camping, etc.).

Suite à votre recherche en ligne, notez vos préférences dans le tableau ci-dessous en fonction des critères qui vous sont proposés.

Exemple

Si vous aimez mieux voyager avec une formule « clé en main », vous préférerez certainement rester à l'hôtel plutôt que de vous occuper de trouver à louer votre propre logement. Mais selon votre budget et le niveau de confort souhaité, votre choix pourra peut-être basculer entre la formule « chez l'habitant » (formule « clé en main » peu coûteuse) ou celle de l'hôtel (formule « clé en main » coûteuse).

Critères pour choisir son hébergement	Hôtels	Louer un logement	Chez l'habitant
Confort & Alimentation			
Alimentation & Services			
Services & Acessibilité			
Acessibilité & Budget			

Étape 3 (réception et interaction écrite et orale)
Comparer les types de logement disponibles sur Internet

Activités grammaticales

Distinguer les verbes transitifs et intransitifs.

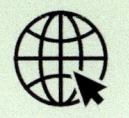

- Consultez la fiche « Verbes transitifs et intransitifs » et faites les exercices pratiques offerts sur le site complémentaire.

- Autoévaluation : vous pouvez consulter vos réponses. Si vous avez 80 % de bonnes réponses au premier exercice que vous choisissez de faire, vous pouvez passer à l'étape suivante pour appliquer vos connaissances dans les phrases ci-dessous. Si vous avez moins de 80 % de réussite au premier exercice, refaites-le. Une fois que vous atteignez 80 % de réussite, vous pouvez passer à l'étape suivante.

- Observez les phrases ci-dessous. Relevez tous les verbes et indiquez lesquels sont transitifs (verbe avec un complément d'objet direct, sans préposition, ou indirects, avec préposition) et lesquels sont intransitifs (tout autre complément – temps, lieu, manière, etc.). Les verbes peuvent être conjugués ou à l'infinitif.

    - Exemple de verbe transitif (phrase 2) : réserver (COD : « un hôtel »)
    - Exemple de verbe intransitif (phrase 2) : donne (complément de lieu : « sur la plage »)

- Réflexion critique : que pouvez-vous déduire sur la différence entre l'utilisation d'un verbe transitif et celle d'un verbe intransitif ?

- Selon vous, en quoi est-ce important de les différencier ?

    1. Sur les sites Internet de réservation de vacances, j'ai trouvé beaucoup d'informations pertinentes pour m'aider à faire mon choix d'hébergement.

    2. J'aimerais réserver un hôtel qui donne sur la plage.

    3. J'ai envie d'aller à la montagne pour mes prochaines vacances.

4. Le temps <u>passe</u> trop vite. Je <u>suis</u> déjà à un mois de mon départ en vacances et je n'<u>ai pas encore trouvé</u> de logement sur place.

5. Je <u>pars</u> *seul* en vacances.

6. Les hôtels <u>sont</u> bon marché et <u>permettent</u> de <u>profiter</u> d'une formule tout compris.

7. <u>Louer</u> un logement <u>permet</u> de <u>se sentir</u> chez soi et d'<u>être</u> autonome.

8. Je <u>préfère être</u> chez l'habitant pour <u>bénéficier</u> d'un lien sur place.

Verbes	Transitifs		Intransitifs
	Direct	Indirect	
Réserver	x		
Donne			x (lieu)

Étape 4 (médiation à l'écrit et production orale)
Réinvestir les connaissances

Activité : *Présentation par affiche dans une activité carrousel (Gallery Walk).*

- En groupes, préparez une affiche sur les avantages et les inconvénients des divers types d'hébergement.
- Affichez votre document dans la classe.
- Présentez votre document à vos partenaires qui viennent visiter votre station. Expliquez votre choix et écoutez leurs commentaires (positifs ou négatifs).
- Indiquez le type d'hébergement qui a reçu le plus d'enthousiasme.
- Résumez leurs réactions en distinguant les commentaires positifs des commentaires négatifs.

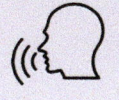

Tutoriel : le carrousel (youtu.be/4lYVtPmEVhg)

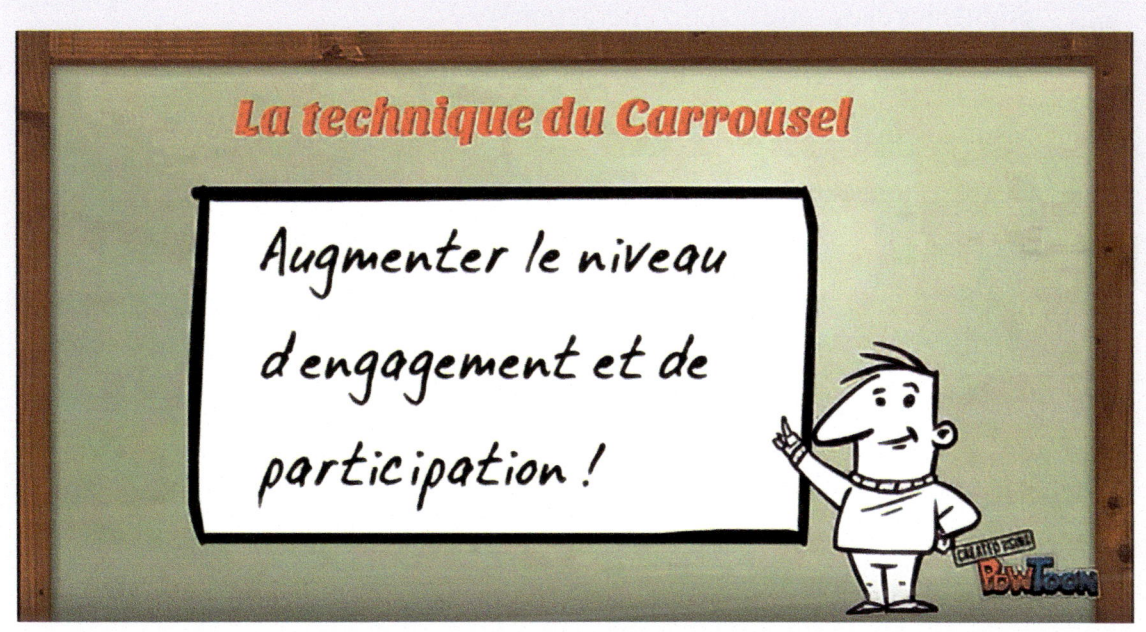

Faire le point

- Je réagis : Maintenant que j'ai réalisé toutes les activités de ce scénario, je fais part de mes commentaires à **mon professeur** sur :
    - Ce que j'ai préféré faire comme activité ;
    - Ce que j'ai appris ;
    - Ce que je savais déjà ;
    - Ce que j'aurais aimé ne pas avoir à faire et pourquoi.

- J'écris un rapport rédigé (no *point form*) sur mon expérience pendant le déroulement du scénario 3 (300 mots). J'y indique :
    - Le déroulement du scénario ;
    - Mon expérience individuelle et celle de groupe ;
    - Mon expérience de médiation pendant l'activité carrousel (la discussion a-t-elle été intéressante, engagée, respectueuse, cordiale ou avez-vous rencontré des problèmes dans cette étape d'interaction ?) ;
    - Mes réactions/commentaires sur chaque étape ;
    - Mes activités préférées ;
    - Ce que j'aurais aimé faire et que je n'ai pas trouvé dans ce scénario.

Tâche finale (interaction orale)

- Se faire l'avocat d'un type d'hébergement pour convaincre **quelqu'un**.
- Nous formons des groupes de trois ou quatre, par similarité de choix d'hébergement.
- Nous mettons en commun nos arguments et les commentaires de nos partenaires que nous avons notés dans l'étape 4.
- Nous nous préparons à devoir convaincre les membres d'un groupe qui a choisi un autre type d'hébergement : qu'allons-nous leur dire pour les convaincre ?
- Nous documentons notre choix : liste des « pour » ou des « contre » ; image, vidéo (format mp4), diaporama, etc.

Ce que je dois faire pour réussir la tâche finale :

- J'écris une liste et je la communique sous forme d'une présentation argumentée ;
- J'utilise le lexique sur l'hébergement relevé lors de ma recherche en ligne ;
- J'utilise des verbes transitifs et intransitifs ;
- J'accomplis l'étape 4 avec **un** partenaire et je prends des notes sur ce que mes partenaires ont pensé (en positif ou en négatif) par rapport à l'hébergement de mon choix.

Ce que je dois rendre pour l'évaluation de la tâche finale :

- Une liste écrite ;
- Le diaporama ou la vidéo (ou autre format) de ma présentation orale, d'une longueur de huit minutes maximum.

Scénario 3 · Effectuer des recherches et réserver un logement de vacances

Langage inclusif

	Forme au masculin	Forme au féminin	Forme inclusive de toutes les identités de genre (y compris la bispiritualité 2E – Two-spirit 2S) et sans hiérarchie entre les genres
Mots qui représentent une identité de genre (noms, déterminants, adjectifs, participes passés, pronoms, etc.)	1. *seul* 2. *habitant* 3. *mon* 4. *quelqu'un* 5. *un*	1. *seule* 2. *habitante* 3. *ma* 4. *quelqu'une* 5. *une*	1. *seul·e* 2. *habitant·e* 3. *maon* 4. *quelqu'un·e* 5. *un·e*
Noms de professions et de métiers	6. *prospecteur* 7. *professeur*	6. *prospectrice* 7. *professeure*	6. *prospecteur·trice* 7. *professeur·e*

Tableau récapitulatif de l'écriture inclusive dans le scénario 3 du module II

Bravo, vous avez terminé le scénario 3 du module II !

SCÉNARIO 4
Planifier une excursion

> Vous avez décidé de partir en voyage pendant l'hiver, mais il faut d'abord choisir votre destination parmi un ensemble de lieux possibles dans le monde francophone. Vous n'êtes pas **certain** de préférer une destination de neige ou de soleil. En revanche, vous êtes **sûr** de ne pas vouloir partir **seul**. Vous décidez alors d'inviter **un ami** à vous accompagner. Votre **ami** est **ravi**, mais n'est pas **certain** de la formule à choisir : neige ou soleil ?

Descripteurs

- ❑ Je peux me renseigner à partir de documents écrits et audiovisuels sur des destinations touristiques et des activités de loisir, afin de faire des choix pertinents.
- ❑ Je peux reformuler le sens de nouveaux mots appris dans le champ lexical du tourisme et dans celui des activités de loisir.
- ❑ Je peux exprimer mes goûts et mes préférences en matière de tourisme et de loisir, en me servant des formules de comparaison.
- ❑ Je peux exprimer l'idée de fréquence reliée aux activités que je pratique.
- ❑ Je peux planifier les modalités de mon séjour (hébergement, restauration, loisir, moyens de transport, budget, etc.) en utilisant les expressions de quantité, de temps et de lieu.
- ❑ Je peux écrire une lettre de réponse à une plainte.
- ❑ Je peux rédiger un rapport sur mon expérience en utilisant les formules d'émerveillement ou de déception.

Mise en train et diagnostic

Questionnaire sur les goûts et les préférences en matière de loisir

1. Quelles sont les activités que vous pratiquez pendant la semaine ou en fin de semaine ?
2. Quelles sont les activités que vous aimez pratiquer en vacances ?
    a. Estivales ;
    b. Hivernales ;
3. Préférez-vous les activités de groupe ou individuelles ?
4. Aimez-vous les activités qui nécessitent beaucoup d'équipement (hockey, motoneige, etc.) ou des activités plus simples à mettre en place (soccer, natation, etc.) ?

Étape 1 (réception écrite et audiovisuelle)
Se renseigner sur les diverses destinations et activités potentielles de loisir, choisir et justifier

Pour cette étape, d'abord, je consulte des sites Internet qui portent sur le tourisme d'hiver et au soleil, pour trouver du contenu et bien comprendre le type de situations abordées dans ce module. Voir par exemple l'article «12 destinations excitantes pour profiter de l'hiver au Canada» sur le site *selection.ca* (selection.ca/voyage/canada/18-destinations-excitantes-pour-profiter-de-lhiver-au-canada/).

Je fais ensuite de la recherche sur les activités de loisir.

Enfin, j'indique ma préférence et je justifie mon avis.

Loisirs touristiques	Loisirs sportifs	Loisirs culturels
Dans un mois, vous irez en vacances à la montagne pour faire du ski. Vous avez choisi la belle destination du lac Louise, dans les Rocheuses, en Alberta. En revanche, votre ami préférerait aller skier à Mont-Tremblant, au Québec, pour pratiquer son français. Vous essayez de vous mettre d'accord en comparant la qualité de l'hébergement, le degré d'enneigement, ainsi que vos budgets.	Vous êtes allé au parc Bon Écho, en Ontario, voir ses superbes falaises qui tombent directement dans le lac. Beaucoup de personnes étaient en train de les escalader. Vous vous renseignez alors sur les possibilités de prendre des cours d'escalade, sur comment emprunter le matériel nécessaire et les possibilités de faire un essai sur place.	Le Musée canadien de l'histoire, au Québec, prévoit une nouvelle exposition sur l'héritage autochtone canadien. À cette occasion, des cours de langue autochtone seront offerts le jour de l'ouverture de l'exposition. Malheureusement, vous n'êtes pas disponible ce jour-là. Vous décidez alors d'écrire au musée pour leur suggérer de mettre en place des cours pendant toute la durée de l'exposition.

Je lis et je prends des notes : Pour chacun de ces scénarios, vous pouvez aller en ligne pour chercher des informations sur les lieux indiqués afin de pouvoir planifier votre excursion. Ensuite, remplissez le tableau suivant.

Lieux	Activités de loisir (touristiques, sportifs, culturels)	Hébergement	Budget
Lac Louise (Alberta)			
Mont-Tremblant (Québec)			
Parc Bon Écho (Ontario)			
Musée canadien de l'histoire (Québec)			

Je mets en commun : Vous avez invité **un ami** à vous accompagner vers une de ces destinations : Lac Louise, Mont-Tremblant, Parc Bon Écho, Musée canadien de l'histoire. Il faut maintenant décider quelle sera votre destination commune. Vous décidez de vous retrouver au restaurant et d'apporter les informations que vous avez recueillies sur chacun des lieux possibles, afin d'indiquer vos préférences et vos réticences.

Modèle

Si mon objectif est de faire de la randonnée en montagne, alors je dois choisir entre le lac Louise en Alberta et Mont-Tremblant au Québec. Si mon objectif est également de pratiquer mon français, je vais préférer aller à Mont-Tremblant. De plus, puisque j'habite en Ontario, mon budget sera plus raisonnable si je vais à Mont-Tremblant, car je n'aurai pas besoin de prendre l'avion. Ma préférence sera donc Mont-Tremblant, au Québec.

- Ma préférence :

- Ma réticence :

- Sa préférence :

- Sa réticence :

Scénario 4 • Planifier une excursion | 127

Étape 2 (réception et interaction écrite et orale)
Discuter de mes activités de loisir préférées

Loisirs touristiques	Loisirs sportifs	Loisirs culturels
Aller au chalet	Jouer au basket-ball	Aller au cinéma
Faire de la motoneige	Jouer au football/soccer	Danser
Voyager en bateau à voile	Faire du judo	Dessiner
Aller à la plage	Faire de l'équitation	Jouer aux jeux vidéo
Faire de la randonnée	Faire de l'escalade	Lire
Se promener dans les rues	Faire du ski sur glace	Jouer de la musique
Visiter les sites touristiques	Faire du vélo	Aller au musée
Faire du camping	Faire du kayak	Aller au théâtre

128 | Module II · Des projets de vacances hivernales !

La grammaire en action

Je consulte la fiche sur les adverbes de fréquence et j'écris avec les adverbes de fréquence

Parmi les activités de loisir proposées dans le tableau, trouvez deux ou trois activités qui vous caractérisent et indiquez la fréquence à laquelle vous les pratiquez (une seule fois, plusieurs fois, régulièrement). Vous pouvez aussi en proposer de nouvelles.

Modèles
- *Je vais à la plage* chaque été, *mais plus rarement* en hiver.
- *Je fais du vélo* tous les jours.

Fiche sur les adverbes de fréquence

Fréquence à degré modulable (du plus fréquent au moins fréquent)					Absence de fréquence
Toujours	Souvent	Parfois De temps en temps Quelquefois	Rarement	Ne... jamais

- Activité 1 :

- Activité 2 :

- Activité 3 :

Je mets en commun

Dans un groupe de huit, vous élisez **un représentant** qui va présenter les trois activités de loisirs qui sont les plus populaires dans votre groupe.

Étape 3 (production à l'écrit et médiation à l'oral)
Planifier son voyage

Je repère : Pour partir en voyage, j'ai besoin d'informations pratiques me permettant d'organiser et de planifier les modalités de mon séjour. Je consulte le lien suivant (authentikcanada.com/ca-fr/activites/tour-ville-autobus-vancouver) afin de réunir en français les informations nécessaires pour mon voyage : visiter la ville de Vancouver (C.-B.). Je prépare deux formules afin de les comparer avant de prendre ma décision.

	Formule 1	Formule 2
Hébergement		
Restauration		
Activités de loisir		
Équipement spécial		
Moyens de transport		
Budget		

J'invite : Rappel sociolinguistique sur le tutoiement et le vouvoiement.

> Lorsque deux amis se parlent, le tutoiement est d'usage :
> — Salut, comment vas-tu ?
> Si des personnes qui ne se connaissent pas se parlent, l'usage est d'utiliser le vouvoiement :
> — Bonjour, comment allez-vous ?
> Parfois, il y a des variations d'usage. Par exemple, au Canada, le tutoiement est souvent privilégié. Dans le doute, utilisez le vouvoiement, et votre interlocuteur vous dira quelle formule a sa préférence.

1. Mettez-vous en paires et invitez **un ami** à se joindre à votre voyage.

2. Mettez-vous en nouvelles paires et invitez votre **professeur**.

Je justifie par la comparaison : Votre **ami** a accepté l'invitation mais préfère une autre destination que celle que vous avez choisie. Trouvez des arguments pour vous mettre d'accord (informations pratiques, qualité des loisirs, budget).

Les formules de comparaison	**Le superlatif** • Le superlatif s'accorde avec le nom qu'il complète.
J'aime *mieux* partir du lundi au dimanche *que* du samedi au samedi. (mélioratif)	Cette formule d'hébergement est *la meilleure*. (superlatif)
J'aime *moins* partir du samedi au samedi *que* du lundi au dimanche. (péjoratif)	Ce type d'hébergement est *le pire*. (superlatif)
Ce voyage me semble *plus* intéressant *que* les autres. (mélioratif)	
Ce voyage me semble *moins* intéressant *que* les autres. (péjoratif)	

Étape 4 (compréhension écrite, production écrite et/ou orale)

Je vais plus loin : Je réinvestis mes connaissances

- Je me prépare à réaliser une brochure touristique
- Je fais des recherches : Maintenant que vous avez établi votre budget, il vous faut trouver du travail et économiser de l'argent. Pour bien vous préparer, vous décidez de devenir guide touristique et vous êtes **embauché** par le comité d'organisation du Carnaval de Québec. Votre **employeur** vous confie la responsabilité suivante :
  - Recueillir des informations afin de réaliser une brochure touristique sur les activités socioculturelles du Carnaval de Québec et leur importance pour la culture québécoise.

J'interagis : Je me prépare aux réactions de mon premier groupe de touristes en utilisant des formules d'émerveillement ou de déception.
- Qu'est-ce que **l'émerveillement** ? Réagissez aux citations ci-dessous.

LA SAGESSE COMMENCE DANS L'EMERVEILLEMENT.

S'Émerveiller chaque jour même d'un petit rien.

Le monde ne mourra jamais par manque de merveilles mais uniquement par manque d'émerveillement.

1. Comment ces citations vous aident-elles à comprendre ce qu'est l'émerveillement ?
2. Laquelle a votre préférence ? Pourquoi ?
3. À vous de composer votre propre définition de l'émerveillement. Écrivez-la sur un bout de papier, pliez le papier et placez-le dans un grand contenant mis à votre disposition par votre **professeur**.
4. **Quelqu'un** sera **désigné** pour venir piger[1] cinq papiers, puis demandera à deux personnes de commenter chaque citation.

- Qu'est-ce que **la déception** ? Réagissez aux citations ci-dessous.

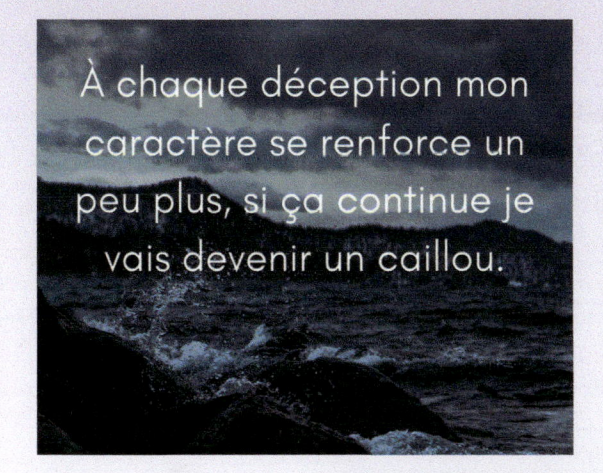

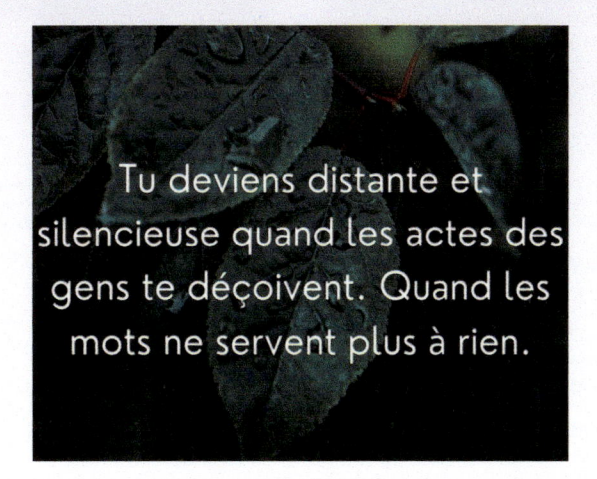

> À chaque déception mon caractère se renforce un peu plus, si ça continue je vais devenir un caillou.

> Rien n'est plus blessant que d'être déçu par la seule personne que jamais tu n'aurais pensé qu'elle te ferait du mal.

> Tu deviens distante et silencieuse quand les actes des gens te déçoivent. Quand les mots ne servent plus à rien.

1. Comment ces citations vous aident-elles à comprendre ce qu'est la déception ?
2. Laquelle a votre préférence ? Pourquoi ?
3. À vous de composer votre propre définition de la déception. Écrivez-la sur un bout de papier, pliez le papier et placez-le dans un grand contenant mis à votre disposition par votre **professeur**.
4. **Quelqu'un** sera **désigné** pour venir piger[1] cinq papiers, puis demandera à deux personnes de commenter chaque citation.

> 1. L'usage du verbe « piger » est courant au Canada dans le même sens que le verbe « piocher » en France. « Piger » existe en France dans le sens de « comprendre » en langage familier.

Les formules d'émerveillement	Les formules de déception
Quel beau voyage !	Que c'est dur !
Quel paysage splendide !	Je veux rentrer chez moi !
C'est merveilleux !	Je n'ai pas dormi de la nuit !
Je trouve cet endroit magnifique et les gens tellement accueillants !	La nourriture est affreuse ! Je ne veux plus manger ici !

Indiquez si les situations suivantes se classent dans la catégorie d'émerveillement ou de déception, ou si les deux sont possibles (faites alors une croix dans les deux colonnes du tableau) :

1. En famille, vous arrivez sur un nouveau lieu de vacances. Vous vous rendez compte que le chalet que vous avez réservé ne donne pas sur le lac mais sur la forêt.
2. Lors d'une promenade en forêt, vous apercevez un hibou perché sur une branche.
3. En arrivant sur la plage près de votre chalet, vous découvrez la présence de nombreux déchets/détritus.

Émerveillement	Déception
1.	1.
2.	2.
3.	3.

Une fois les termes d'émerveillement et de déception maîtrisés, répartissez-vous en groupes de deux : indiquez à votre partenaire lequel des deux concepts a été le plus facile à comprendre et pourquoi.

Activité 1 : Les touristes dont vous vous occupez en tant que guide sont *émerveillés* par la qualité de la visite, mais expriment aussi leur déception quant à la qualité de l'hébergement (literie, bruit, propreté). Que leur répondez-vous ?

Consultez l'appendice grammatical du site complémentaire afin d'utiliser des verbes de mouvement dans vos scénarios.

Activité 2 : Les touristes dont vous vous occupez en tant que guide sont *émerveillés* par l'ensemble du voyage et vous félicitent pour tout le travail que vous avez fait. Que leur répondez-vous ?

Activité 3 : Les touristes dont vous vous occupez en tant que guide sont très *déçus* de leur expérience touristique et souhaitent ne jamais refaire un séjour avec *un* guide touristique, car ils préfèrent découvrir les lieux de façon autonome. Que leur répondez-vous ?

Activité 4 : Les touristes dont vous vous occupez en tant que guide veulent écrire une lettre de plainte à votre *employeur* à propos de la qualité du séjour. Que leur répondez-vous ?

Faire le point

- **Je réagis :** Maintenant que j'ai réalisé toutes les activités de ce scénario, je fais part de mes commentaires à **mon professeur** sur :
    - ce que j'ai préféré faire comme activité ;
    - ce que j'ai appris ;
    - ce que je savais déjà ;
    - ce que j'aurais aimé ne pas avoir à faire et pourquoi.
- J'écris un rapport sur mon expérience pendant le déroulement du scénario 4.

Tâche finale (production écrite et médiation)

En groupes de deux, vous planifiez votre voyage. Établissez votre liste personnelle en matière d'hébergement, de modalités de voyage, de budget, de nourriture, d'activités de loisirs et de sorties culturelles. Faites un tableau avec les points de satisfaction et/ou de déception pour chaque élément de la liste, en exprimant votre satisfaction/déception selon les critères donnés. Faites aussi une version avec des phrases complètes.

- Production orale : Comparez vos listes et décidez d'une destination commune.
- Production écrite : Expliquez ce qui vous a fait changer d'avis et ce que vous attendez de votre expérience de voyage à deux.

Satisfaction	Déception
Confort de la chambre : *J'ai beaucoup aimé le confort de la chambre.*	Connexion wifi trop lente : *La connexion wifi était trop faible. Quelle déception ! C'est inacceptable de nos jours !*
Prix abordable :	Choix d'activités de loisir trop restreint : ....
Propreté de l'hébergement :	Hébergement trop éloigné des centres commerciaux : ....
Hébergement à proximité de la ville :	Absence de salle de sport : ....
Nourriture de bonne qualité :	Prix exorbitant : ....

Ce que je dois faire pour réussir la tâche finale :
- J'invite **un ami** ;
- J'écris une liste ;
- J'utilise les expressions de satisfaction et de déception vues dans le module ;
- J'utilise le vocabulaire du voyage (destination, hébergement, etc.) ;
- Je compare des documents ;
- Je négocie à deux pour prendre une décision commune ;
- J'écris un texte explicatif ;
- Je me projette dans une expérience à vivre.

Ce que je dois rendre pour l'évaluation de la tâche finale :
- Une liste écrite ;
- Un texte explicatif d'une page.

Langage inclusif

Tableau récapitulatif de l'écriture inclusive dans le scénario 4 du module II

	Forme au masculin	Forme au féminin	Forme inclusive de toutes les identités de genre et sans hiérarchie entre les genres
Mots qui représentent une identité de genre (noms, déterminants, adjectifs, participes passés, pronoms, etc.)	1. certain	1. certaine	1. certain·e
	2. sûr	2. sûre	2. sûr·e
	3. seul	3. seule	3. seul·e
	4. un	4. une	4. un·e
	5. ami	5. amie	5. ami·e
	6. ravi	6. ravie	6. ravi·e
	7. allé	7. allée	7. allé·e
	8. embauché	8. embauchée	8. embauché·e
	9. quelqu'un	9. quelqu'une	9. quelqu'un·e
	10. désigné	10. désignée	10. désigné·e
	11. émerveillés	11. émerveillées	11. émerveillé·e·s
	12. déçus	12. déçues	12. déçu·e·s
Noms de professions et de métiers	13. professeur	13. professeure	13. professeur·e
	14. employeur	14. employeuse	14. employeur·euse
	15. représentant	15. représentante	15. représentant·e

Bravo, vous avez terminé le scénario 4 du module II !

PROJET DE FIN DE MODULE
Je crée une brochure touristique

Vos parents sont propriétaires d'une agence de voyages qui fonctionne de manière traditionnelle. Vous voulez les aider à moderniser leur entreprise. Vous préparez une brochure de publicité touristique à l'aide de logiciels récents pour leur proposer comme modèle. Trouvez une activité touristique populaire (Festival du Bois de Maillardville, Carnaval de Québec, Festival de jazz de Pointe-à-Pitre) et réalisez la brochure sur le lieu et l'activité **choisis**. Comme vous anticipez que vos parents pourraient exprimer quelques résistances face à cette innovation, vous vous préparez à leur présenter les avantages des brochures artistiques par rapport aux brochures traditionnelles.

Format de la brochure : une feuille papier pliée en trois (voir le tutoriel vidéo ci-dessous ou celui de votre choix) ou son équivalent en ligne (selon le logiciel de travail choisi). L'important est de penser à la conception graphique, au texte et à l'emplacement des informations.

Deux tutoriels vidéo pour réaliser une brochure touristique :
- youtu.be/g6fhReBYtMs
- youtu.be/xKZDB4a9awQ

Voici quelques éléments à ne pas oublier dans la préparation de votre brochure :
- choisir le logiciel (Adobe InDesign, Word, Photoshop ou autres) ;
- sélectionner deux ou trois images ;
- trouver un titre percutant ;
- déterminer le contenu et le format du texte ;
- écrire le contenu de la brochure ;
- relire et corriger le texte ;
- déterminer le mode de publication et de diffusion, etc.

Langage inclusif

Tableau récapitulatif de l'écriture inclusive dans le projet de fin de module II

	Forme au masculin	Forme au féminin	Accord historique de proximité
Mots qui représentent une identité de genre (noms, déterminants, adjectifs, participes passés, pronoms, etc.)	1. *choisis*	1. *choisies*	1. *choisi·et·s*

Bravo, vous avez terminé le module II !

Module III

Explorer la diversité du monde francophone !

Bilan du module III

Scénarios	Mise en train et diagnostic	Réception, interaction, production et médiation	Observation et entraînement linguistiques	Regards pluriculturels, plurilingues et sociolinguistiques	Tâche finale
Scénario 1 Planifier des études dans un pays ou une région francophone	Quel pays ou quelle région francophone vais-je choisir pour un programme d'échange ?	• Se renseigner sur les programmes de mobilité étudiante sur Internet • Choisir un programme de mobilité étudiante • Discuter du programme choisi • Écrire un courriel formel	Grammaire • Le verbe pronominal de sens réfléchi et le verbe pronominal de sens réciproque • Les adverbes de sens réciproque Lexique • Les programmes de mobilité	• Comparaison entre le système des universités canadiennes et celui des universités françaises	S'inscrire dans un programme d'échange
Scénario 2 Raconter un séjour d'échange	Suis-je **satisfait** de mon expérience d'échange universitaire au Québec ?	• Faire un plan pour la rédaction d'un témoignage • S'informer sur l'organisation du texte narratif • Raconter des faits et des événements du passé • Rédiger le témoignage	Grammaire • Les marqueurs du temps (passé, présent et futur) Lexique • Les émotions et les sentiments		Participer à une table ronde organisée par l'université sur le sujet des programmes de mobilité
Scénario 3 Décrire les coutumes et les traditions d'une région francophone	Suis-je **ouvert** à la diversité culturelle ?	• Parler de ses sorties culturelles préférées • Se renseigner sur les activités culturelles destinées aux **étudiants internationaux** en programme d'échange • Les procédés descriptifs	Grammaire • Le texte descriptif • Les marqueurs de relation (2) Lexique • Les sorties culturelles • Le domaine de la culture	• Les activités culturelles dans le monde francophone	Décrire les coutumes et les traditions observées dans une région francophone

Scénarios	Mise en train et diagnostic	Réception, interaction, production et médiation	Observation et entraînement linguistiques	Regards pluriculturels, plurilingues et sociolinguistiques	Tâche finale
Scénario 4 Préparer un exposé oral sur la situation socioéconomique et politique d'un pays ou d'une région francophone	Vos connaissances sur la francophonie canadienne et mondiale	• Collecter des données fiables sur les traditions et les coutumes d'un pays ou d'une région francophone • Présenter un territoire ou un pays francophone • Rédiger un plan de présentation sur le pays ou le territoire francophone en vue de la présentation	Grammaire • Les expressions de la cause, de la conséquence et du but Lexique • La situation socioéconomique et politique des pays du Sud anciennement colonisés	• La situation sociolinguistique de certains pays de la Caraïbe francophone	Présentation sur la situation socioéconomique et politique d'un pays ou d'une région francophone
Projet de fin de module III Je propose de présenter en public les résultats de ma recherche sur la francophonie (production écrite).					

Module III · Explorer la diversité du monde francophone !

Langage inclusif

Tableau récapitulatif de l'écriture inclusive dans le bilan du module III

	Forme au masculin	**Forme au féminin**	**Forme inclusive de toutes les identités de genre et sans hiérarchie entre les genres**
Mots qui représentent une identité de genre (noms, déterminants, adjectifs, participes passés, pronoms, etc.)	1. *satisfait* 2. *ouvert*	1. *satisfaite* 2. *ouverte*	1. *satisfait·e* 2. *ouvert·e*
Noms de professions et de métiers	3. *étudiants* 4. *internationaux*	3. *étudiantes* 4. *internationales*	3. *étudiant·e·s* 4. *internationaux·ales*

SCÉNARIO 1
Planifier des études dans un pays ou dans une région francophone

Scénario global : Vous voulez améliorer votre français et vous croyez en l'apprentissage par l'expérience. Vous décidez de partir faire des études universitaires ou professionnelles dans une région ou un pays francophone. Il vous faut choisir une université ou une école professionnelle francophone qui offre votre programme d'études. Vous hésitez entre rester au Canada ou partir à l'étranger. Vous décidez d'effectuer des recherches dans le but de trouver des informations sur plusieurs possibilités. Vous dressez une liste des « pour » et des « contre », afin de prendre une décision finale éclairée. Ensuite, vous faites tout ce qu'il faut pour vous inscrire dans le programme choisi. Vous n'avez peut-être jamais encore participé à un programme d'échange, mais ce scénario vous prépare à cette éventualité, qui est un aspect essentiel de votre apprentissage de toute langue cible.

Descripteurs

- ❏ Je peux consulter des sites universitaires sur des programmes d'études francophones afin de faire des choix pertinents.
- ❏ Je peux explorer les sites des principales universités de langue française au Canada et ailleurs dans le monde francophone, pour y recueillir des informations et y relever du vocabulaire lié aux études universitaires.
- ❏ Je peux présenter oralement les programmes d'échange et de bourses de mobilité étudiante en me servant du lexique nécessaire.
- ❏ Je peux exprimer la réflexivité et la réciprocité.
- ❏ Je peux communiquer les résultats de mes recherches sur les programmes de mobilité à des amis de ma classe et justifier mes choix.
- ❏ Je peux m'inscrire dans un programme d'échange universitaire.
- ❏ Je peux écrire des courriels ou des lettres en rapport avec le processus d'inscription à un programme de mobilité étudiante.

Mise en train et diagnostic

Quel pays ou quelle région francophone choisirez-vous pour un programme d'échange ?

Connaissez-vous ces symboles ? Savez-vous ce qu'ils représentent ?

_____   _____

_____   _____

Dans quelle province canadienne se trouvent ces universités ? Associez le premier groupe d'images de l'exercice précédent à ces images.

_____   _____

_____   _____

146 | Module III • Explorer la diversité du monde francophone !

Activité 1 : *En petits groupes, répondez aux questions suivantes sur la situation du français dans les provinces et territoires du Canada.*

1. Quelle est la seule province canadienne à avoir adopté le français comme sa seule langue officielle ?
    a. Le Nouveau-Brunswick
    b. La Nouvelle-Écosse
    c. L'Île-du-Prince-Édouard
    d. Le Québec

2. Quelle est la seule province canadienne à être officiellement bilingue, anglais et français ?
    a. Le Québec
    b. Le Nouveau-Brunswick
    c. L'Ontario
    d. La Nouvelle-Écosse

3. Quelles sont les deux seules provinces canadiennes où le français est une langue officielle ? Choisissez la réponse correcte.
    a. Le Québec et l'Ontario
    b. Le Québec et la Saskatchewan
    c. Le Québec et le Nouveau-Brunswick
    d. Le Québec et le Manitoba

4. À la différence de la majorité des provinces canadiennes, les trois territoires fédéraux canadiens ont tous adopté le français comme l'une de leurs langues officielles.
    a. Vrai
    b. Faux

5. Ottawa, la capitale fédérale du Canada, est officiellement bilingue, mais l'usage du français y est tellement restreint que la maîtrise de l'anglais est nécessaire pour que les francophones arrivent à fonctionner dans la ville.
    a. Vrai
    b. Faux

Scénario 1 · Planifier des études dans un pays ou dans une région francophone

Activité 2 : Associez chaque université ou école professionnelle francophone avec sa province, sa ville ou son pays.

1. Sciences Po
2. Université Sainte-Anne
3. Université de l'Ontario français
4. Université de Saint-Boniface
5. Université Cheikh Anta Diop
6. Université Mohammed V
7. Université de Namur
8. Université des Antilles

a. Nouvelle-Écosse
b. France
c. Manitoba
d. Sénégal
e. Toronto
f. Guadeloupe
g. Maroc
h. Belgique

Activité 3 : En petits groupes et à tour de rôle, nous répondons à ces questions personnelles à l'oral en nous basant sur notre expérience, nos intérêts et nos préférences.

1. Aimeriez-vous étudier à l'étranger dans une langue autre que votre langue maternelle ? Pourquoi ?

2. Dans quel pays étranger aimeriez-vous étudier ? Pourquoi ?

3. En dehors de la France, y a-t-il d'autres pays francophones dans le monde où vous aimeriez étudier ? Lesquels ?

4. En dehors de la province du Québec, avez-vous déjà visité une ville ou une région au Canada où il est possible d'étudier et de travailler en français ? Citez-en quelques-unes.

5. Parmi les provinces et les territoires canadiens où il existe des établissements universitaires ou professionnels francophones, où aimeriez-vous étudier ? Pourquoi ?

Étape 1 (réception écrite et audiovisuelle)
Se renseigner sur les programmes de mobilité étudiante

> **Scénario intermédiaire**
>
> Vous faites des recherches sur Internet pour vous renseigner sur les programmes d'échange et de bourse de mobilité étudiante locale et internationale, à partir de critères concernant vos intérêts, votre domaine d'études, vos préférences, etc. Vous consultez des sites d'associations, d'organismes et d'universités francophones.

Activité 1 : Quels sont les critères qui détermineront mon choix de programme d'échange ? Je classe les critères dans un tableau en deux catégories : critères essentiels et critères moins importants.

- La situation géographique de l'université ou de l'école professionnelle d'accueil
- Le climat de la région où se situe l'université d'accueil
- La situation socioéconomique de la région ou du pays d'accueil
- Le degré de prestige de l'université d'accueil
- La disponibilité et le montant des bourses d'études
- La qualité du programme d'études qui vous intéresse
- La qualité du programme d'échange
- La qualité du soutien aux **étudiants**

Activité 2 : Quels types d'informations intéressantes ai-je obtenues après avoir visité le site web des associations et d'organismes francophones ? Je coche les informations pertinentes.

- ❏ Liste d'universités/d'écoles professionnelles
- ❏ Liste de programmes de mobilité
- ❏ Système d'éducation professionnelle
- ❏ Qualité et coûts des programmes d'études
- ❏ Bourses et autres mesures d'aide financière
- ❏ Conditions d'admission
- ❏ Exigences linguistiques
- ❏ Renseignements sur l'immigration
- ❏ Comment planifier ses études
- ❏ La vie des étudiants
- ❏ Rétroaction des étudiants
- ❏ Qualité de vie dans le pays ou la région

Activité 3 : Quels sites d'organismes francophones ai-je consultés ? Je donne leur nom en deux catégories : ceux qui selon moi sont intéressants et ceux qui ne le sont pas.

Sites intéressants	Sites peu intéressants
1.	1. ....
2.	2. ....
3.	3. ....
4.	4. ....
5.	5. ....

Activité 4 : Mes réponses sont-elles les mêmes que celles de mes camarades ? En groupes, je commente mes résultats et je présente mon point de vue.

- Voilà ce que j'ai trouvé. Et toi, qu'est-ce que tu as trouvé ?
- Moi, je trouve que... Je ne crois pas que... Etc.

Étape 2 (réception écrite et orale)
Choisir un programme de mobilité étudiante

> **Scénario intermédiaire**
>
> Il vous faut plus d'informations pour prendre une décision. Vous continuez votre recherche sur les programmes d'échange et de bourse de mobilité étudiante à partir de la page web « Futurs étudiants » de plusieurs universités francophones au Canada et à l'étranger.

Activité 1 : Après avoir consulté la page web destinée **aux futurs étudiants** sur les sites d'universités canadiennes et étrangères, je dresse une première liste d'au moins cinq universités où j'aimerais étudier et une deuxième liste d'universités qui ne m'intéressent pas. J'indique les raisons pour chacun de mes choix.

Les universités francophones sélectionnées	
J'écris le nom des universités qui m'intéressent.	Je coche la raison ou les raisons de mon choix pour chaque université sélectionnée.
	Situation géographique Niveau de classement Programmes/disponibilité Scolarité/bourses
	Situation géographique Niveau de classement Programmes/disponibilité Scolarité/bourses
	Situation géographique Niveau de classement Programmes/disponibilité Scolarité/bourses
	Situation géographique Niveau de classement Programmes/disponibilité Scolarité/bourses
	Situation géographique Niveau de classement Programmes/disponibilité Scolarité/bourses

Scénario 1 · Planifier des études dans un pays ou dans une région francophone

| Les universités francophones non sélectionnées ||
J'écris le nom des universités qui ne m'intéressent pas.	J'écris une courte phrase pour dire pourquoi ces universités ne m'intéressent pas.

Activité 2 : Parmi les universités sélectionnées, je compare la page web destinée *aux futurs étudiants* d'une université francophone canadienne à celle d'une université française sur le plan de la quantité et de la qualité des informations disponibles.

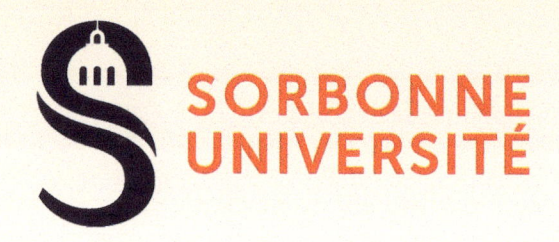

152 | Module III • Explorer la diversité du monde francophone !

Informations disponibles	
Sur la page de l'université canadienne	**Sur la page de l'université française**
Sur le plan du contenu	*Sur le plan du contenu*
Les conditions d'admission	Les conditions d'admission
Les exigences linguistiques	Les exigences linguistiques
La liste d'établissements partenaires	La liste d'institutions partenaires
Le coût des programmes d'études	Le coût des programmes d'études
Les bourses et autres mesures d'aide financière	Les bourses et autres mesures d'aide financière
La préparation du dossier de candidature	La préparation du dossier de candidature
Des renseignements sur l'immigration	Des renseignements sur l'immigration
La préparation des études	La préparation des études
La vie étudiante	La vie étudiante
L'expérience étudiante	L'expérience étudiante
Sur le plan du format	*Sur le plan du format*
Documents écrits	Documents écrits ✓
Photographies et autres illustrations	Photographies et autres illustrations
Cartes interactives	Cartes interactives
Documents audiovisuels (vidéos)	Documents audiovisuels (vidéos)

Activité 3 : Pendant ma recherche sur Internet, je rencontre une série de mots et d'expressions utilisés par les établissements d'enseignement concernant les programmes de mobilité. Je coche les mots qui sont nouveaux pour moi et j'essaie de comprendre leur sens à l'aide d'outils de référence.

- Annuaire
- Barème d'évaluation
- Bourse d'étude
- Bulletin
- Bénévolat à l'international
- Calendrier universitaire
- Consortium
- Convention de mobilité étudiante

- Établissements partenaires
- **Étudiant d'échange**
- **Étudiant international**
- **Étudiant parrainé**
- Séjour linguistique
- Semestre/trimestre à l'étranger
- Stage académique
- Subventions d'études

Scénario 1 · Planifier des études dans un pays ou dans une région francophone | 153

Activité 4 : Pendant ma recherche sur Internet, j'ai rencontré d'autres mots et expressions du champ lexical des programmes de mobilité qui ne se trouvent pas dans la liste fournie ci-dessus. Je les écris ici et je cherche leur définition en français.

1. ....   1. ....

2. ....   2. ....

3. ....   3. ....

4. ....   4. ....

5. ....   5. ....

6. ....   6. ....

7. ....   7. ....

8. ....   8. ....

9. ....   9. ....

10. ....   10. ....

Activité 5 : *J'associe les mots et les expressions à leur définition en me servant de dictionnaires et d'autres d'outils de référence en ligne ou en format papier.*

a) Barème d'évaluation	1. Période d'études pratiques visant à familiariser les **étudiants** aux conditions réelles de l'exercice d'une profession.
b) Bourses d'études	2. Groupement composé de **tous** les partenaires (universités et autres établissements d'enseignement postsecondaire) participant à un projet commun.
c) Bénévolat à l'international	
d) Bulletin	3. Ensemble d'universités/écoles professionnelles de plusieurs pays qui ont conclu un accord d'échange entre elles.
e) Calendrier universitaire	
f) Convention de mobilité étudiante	4. Système utilisé pour attribuer les notes.
g) Séjour linguistique	5. Mesures d'aide financière accordées **aux étudiants**.
h) Stage académique	6. Stage étudiant non rémunéré à l'étranger.
i) Subventions d'études	7. Liste des dates se rapportant aux étapes importantes des différentes sessions de l'année universitaire.
j) Consortium	8. Accord ou protocole d'entente précisant les détails relatifs aux conditions d'échange étudiant entre les établissements partenaires.
	9. Mesures d'aide financière accordées **aux étudiants**.
	10. Document qui présente les résultats scolaires obtenus par l'**étudiant** pendant une session universitaire.

Scénario 1 · Planifier des études dans un pays ou dans une région francophone

Étape 3 (réception, et interaction écrite et orale)
Discuter du programme choisi

> **Scénario intermédiaire**
>
> Après vos recherches sur les programmes d'échange et de bourses de mobilité étudiante, au pays et à l'étranger, vous décidez de présenter les informations obtenues à des **amis** également **intéressés**, tout en indiquant votre choix et les raisons de ce choix.

Activité 1 : Je lis des extraits de témoignage d'**étudiants** ayant étudié à l'étranger.

Des étudiants parlent de leur expérience

« Je m'appelle Julie, j'ai 19 ans. Après mes études secondaires en Norvège, je me suis inscrite à un baccalauréat de trois ans en informatique à l'Université de Montréal. Une fois installés, mon colocataire et moi, nous nous sommes promenés un peu dans tout le quartier. Le lendemain, on s'est baladés en ville et on a bien profité de la cuisine locale. Mon colocataire et moi, nous nous sommes mutuellement prêté assistance pendant longtemps. Je me souviendrai toujours de cette merveilleuse expérience. »

« Je m'appelle Jean-Baptiste, j'ai actuellement 24 ans. Je suis étudiant en master Grande École, spécialité Direction générale et management, qui se concentre sur l'ensemble des activités clés de l'entreprise. L'établissement partenaire à Dakar s'appelle Université Cheikh Anta Diop. Les responsables se sont **empressés** de m'écrire pour me donner des renseignements sur la façon de s'inscrire aux cours. Le programme se déroule sur toute l'année scolaire et les cours se donnent une fois par semaine. »

Activité 2 : *Je vérifie ma compréhension du contenu du texte en répondant aux questions.*

1. Comment s'appelle le pays d'origine de l'étudiante de 19 ans ?
   ....

2. Qu'est-ce qu'elle a fait après ses études secondaires ?
   ....

3. Qu'est-ce qu'elle a fait avec son colocataire une fois installée ?
   ....

4. Et le lendemain, qu'est-ce qu'ils ont fait ?
   ....

5. Comment s'appelle l'étudiant international âgé de 24 ans ?
   ....

6. Sur quoi se focalisent ses études de master ?
   ....

7. Comment s'appelle son université d'accueil ?
   ....

8. Dans quelle ville se trouve l'université partenaire ?
   ....

Activité 3 : Je découvre les différents types de verbes pronominaux

Verbe pronominal de sens réfléchi	Verbe pronominal de sens réciproque
Julie s'est maquillée avant de rencontrer son colocataire. [Elle, qui est le sujet, fait l'action sur elle-même.]	Julie et son colocataire se parlent tout le temps. [Ils font l'action l'un sur l'autre.]
Verbe pronominal de sens passif	**Verbe essentiellement pronominal**
L'établissement partenaire s'appelle l'Université de Montréal, car il se trouve à Montréal. [Le sujet subit l'action.]	Jean-Baptiste se soucie beaucoup de ses études. [Le verbe « soucier » n'existe pas.]

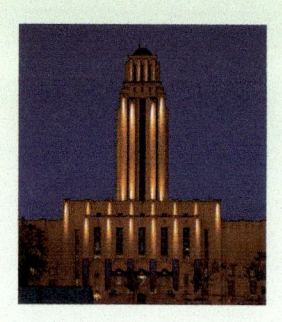

Activité 4 : Je découvre les adverbes de sens réciproque et d'autres mots similaires

1. Julie et Jean-Baptiste s'admirent réciproquement. [Julie admire Jean-Baptiste et Jean-Baptiste admire Julie.]
2. Ils s'entraident souvent parce qu'ils s'entendent bien. [Tous deux font l'action d'aider l'autre.]
3. Ils se soutiennent mutuellement dans leurs études. [Tous deux font l'action de soutenir l'autre.]

Activité 5 : Je lis à nouveau les extraits des témoignages d'étudiants et je dresse la liste de tous les verbes pronominaux qui y sont utilisés. Je les classe en quatre catégories.

Verbes pronominaux de sens réfléchi	Verbes pronominaux de sens passif
....	....
....	....
....	....

Verbes pronominaux de sens réciproque	Verbes essentiellement pronominaux
....	....
....	....
....	....

Activité 6 : Je lis les phrases suivantes pour déterminer le type de verbe pronominal. Si c'est nécessaire, je me sers d'un dictionnaire pour comprendre le sens de chaque verbe pronominal afin de le classer correctement.

1. Julie s'est cassé le bras ce matin.
   a. Verbe pronominal de sens réfléchi
   b. Verbe pronominal de sens réciproque
   c. Verbe pronominal de sens passif
   d. Verbe essentiellement pronominal

2. Elle s'est absentée du travail.
   a. Verbe pronominal de sens réfléchi
   b. Verbe pronominal de sens réciproque
   c. Verbe pronominal de sens passif
   d. Verbe essentiellement pronominal

3. Elle s'est fait remplacer par son amie.
   a. Verbe pronominal de sens réfléchi
   b. Verbe pronominal de sens réciproque
   c. Verbe pronominal de sens passif
   d. Verbe essentiellement pronominal

4. Elle et son amie se sont téléphoné.
   a. Verbe pronominal de sens réfléchi
   b. Verbe pronominal de sens réciproque
   c. Verbe pronominal de sens passif
   d. Verbe essentiellement pronominal

Activité 7 : Nous nous séparons en petits groupes. J'utilise au moins cinq verbes pronominaux pour discuter de mes recherches sur les programmes d'échange et de bourse de mobilité. Je commence par présenter les informations obtenues.

a. Je fais le résumé des informations obtenues.
   - Les programmes, les cours, les universités, le pays, la ville, le climat, la situation socioéconomique de la région, les exigences linguistiques, la scolarité, les subventions, le soutien aux étudiants, etc.

b. À tour de rôle, nous discutons de notre choix final.
   - Parmi tous les programmes, nous indiquons celui que nous avons choisi et nous donnons toutes les raisons qui ont motivé notre choix. En plus des raisons liées à la qualité de l'établissement d'accueil et de ses programmes, nous ajoutons des raisons personnelles...

Étape 4 (réception et production)
Je réinvestis mes connaissances

> **Scénario intermédiaire**
>
> Après avoir obtenu des informations sur le programme de mobilité que vous avez choisi, vous planifiez les étapes nécessaires de la marche à suivre en vue de votre inscription. Vous commencez par visiter le site web des **étudiants** en échange dans l'université d'accueil pour vous renseigner sur les étapes de la procédure d'inscription. Ensuite, vous faites les premières démarches.

Activité 1 : *Je fais des recherches et j'organise les informations obtenues – Après avoir consulté le site web, je classe les informations obtenues dans l'ordre chronologique. Je suis l'exemple fourni dans chaque étape.*

> **Les démarches et actions à accomplir**
>
> 1. Penser à faire des demandes de bourses.
> 2. Demander des lettres de recommandation.
> 3. Consulter à nouveau la liste d'universités partenaires pour confirmer qu'il existe une entente entre votre université d'attache et l'université choisie.
> 4. Trouver un logement.
> 5. Remplir le formulaire d'inscription.
> 6. Localiser l'ambassade de votre pays si vous êtes **un étudiant international**.
> 7. Faire une demande de visa et de permis d'études.
> 8. Adhérer au régime d'assurance maladie universitaire.
> 9. Vous informer pour vous assurer que vous avez les moyens d'assumer les coûts de votre séjour.
> 10. Rédiger la lettre de motivation.
> 11. Déterminer votre admissibilité en vérifiant que vous répondez à toutes les exigences du programme.
> 12. Régler les derniers détails pratiques d'ordre scolaire (courriel et cartes d'**étudiants**, etc.).
> 13. Participer à un atelier de prédépart.
> 14. Localiser le bureau des **étudiants internationaux** sur le campus.
> 15. Vérifier que vous avez tous les documents de voyage (passeport, visa, permis de séjour).

Activité 2 : Je classe les actions par étape.

Les quatre étapes	Les actions à accomplir
Étape 1 – Avant de commencer la procédure d'inscription	3, ...
Étape 2 – Préparer sa demande d'inscription	10, ...
Étape 3 – Préparer son départ	13, ...
Étape 4 – À faire à l'arrivée dans l'université d'accueil	14, ...

Scénario 1 • Planifier des études dans un pays ou dans une région francophone

Activité 3 : J'observe la structure d'un courriel formel.

En-tête :	De : Date : À : Objet :	JulieBonneau <julie_bonneau@floridaU.edu> 25 mars2021 RogerVillate <rogerville@floridaU.edu> Demande de recommandation
Salutation :	Bonjour Monsieur Villate,	
Message :	Je m'appelle Julie Bonneau. L'année dernière, j'ai eu la chance de suivre avec assiduité votre cours FREN 1110, grâce auquel mon français écrit s'est beaucoup amélioré. Je vous écris pour solliciter une lettre de recommandation qui m'est demandée afin de m'inscrire dans un programme d'échange au Collège Kiuna, au Québec. Ce sera pour moi l'occasion de continuer l'apprentissage du français en immersion et de découvrir la culture des Abénakis, l'un des peuples autochtones du Canada. En pièce jointe, vous trouverez mon C.V. et d'autres informations sur le programme.	
Formule de clôture :	En vous remerciant à l'avance, je vous prie de recevoir mes meilleures salutations.	
Signature :	Julie Bonneau	

Activité 4 : Je vérifie ma compréhension de la structure d'un courriel formel en répondant aux questions suivantes.

1. Parmi les cinq éléments de la structure d'un courriel formel, devrait-on en omettre certains ?

....

2. Pourquoi appelle-t-on « en-tête » le premier des cinq éléments ?

....

3. Pourquoi l'en-tête est-il un élément important ?

....

4. À quoi fait référence le mot « clôture » dans l'appellation du quatrième élément ?

....

Activité 5 : *J'écris des courriels formels.*

A. Obtenir une lettre de recommandation est l'une des exigences pour s'inscrire dans un programme d'échange. Vous écrivez un courriel à l'**un** de vos **professeurs** pour lui demander sa recommandation.

....

....

B. Vous vous rendez compte que vous n'aurez pas les moyens d'assumer toutes les dépenses liées à votre séjour dans le cadre du programme d'échange. Vous écrivez à un organisme pour demander de l'aide financière.

....

....

C. **La** secrétaire de la direction du bureau des **étudiants internationaux** vous écrit un courriel pour vous demander un document important que vous lui avez déjà envoyé. Que lui répondez-vous ?

Scénario 1 · Planifier des études dans un pays ou dans une région francophone

> **Objet :** Exigence linguistique
>
> Cher Monsieur,
>
> Pour que votre dossier soit complet, il nous faut les résultats de votre test de compétences linguistiques ou le formulaire de preuve de compétence langagière dûment rempli par l'**un** de vos **professeurs**.
>
> Cordialement,
> Anne-Marie Garon

Votre réponse

....

....

D. Deux semaines avant votre départ, vous recevez un courriel du responsable du service de logement universitaire qui vous rappelle que votre chambre n'est pas encore payée. Que lui répondez-vous ?

> **Objet :** Paiement des frais de résidence
>
> Chère Madame,
>
> Ceci est pour vous rappeler que nous n'avons pas encore reçu votre paiement des frais de résidence. Je vous invite à consulter notre site Internet pour plus d'informations sur les coûts des résidences, les forfaits alimentaires et les modalités de paiement.
>
> Bien cordialement,
> Jean-Louis

Votre réponse

....

....

Faire le point

- Rapport d'apprentissage (autoréflexion sur le progrès accompli)
- **Je réagis :** Maintenant que j'arrive à la fin du chapitre, j'écris un rapport sur mon expérience pendant le déroulement du scénario 1 ; j'en fais part à **mon professeur**. J'inclus les commentaires suivants dans mon rapport ;
    - ce que j'ai préféré faire comme activité ;
    - ce que j'ai appris ;
    - ce que je savais déjà ;
    - ce que j'aurais aimé ne pas avoir à faire et pourquoi.

Tâche finale (production écrite)

S'inscrire dans un programme d'échange (Collège Kiuna, au Québec)

Scénario final

Il n'y a plus beaucoup de temps avant la date d'échéance pour soumettre votre dossier d'inscription. Comme vous avez déjà entrepris les démarches préliminaires, il ne vous reste qu'à rédiger la lettre de motivation pour compléter et présenter votre dossier. Comment allez-vous vous y prendre ?

J'observe la structure d'une lettre formelle.

Salutations aux membres du comité de sélection,

Je suis une étudiante de deuxième année au baccalauréat. Je fais en ce moment une double majeure en lettres françaises et en études autochtones. J'aimerais vivre une expérience d'échange au Collège Kiuna lors de ma troisième année d'études, à la session d'hiver 2025. Je désire étudier dans le programme Arts, lettres et communication (500.B1) de votre établissement.

Selon moi, vivre une expérience d'immersion est l'une des façons les plus efficaces pour s'imprégner de nouvelles cultures, de nouvelles langues ainsi que de nouveaux modes de vie et de pensée. D'après les quelques recherches que j'ai faites sur le Collège Kiuna, j'estime qu'une expérience dans cet établissement d'accueil me permettra d'atteindre mes objectifs. Le collège se trouve à Odanak, une communauté abénakise dans la région du Centre-du-Québec, près de Trois-Rivières. Les Abénakis, l'une des 10 Premières Nations du Québec, ont fondé le village d'Odanak vers 1670, avant qu'il devienne une réserve au XXe siècle. Cette communauté est très riche en histoire et en culture : elle possède aussi le premier musée des Premiers Peuples fondé au Québec, le Musée des Abénakis, ouvert en 1965.

Je crois que le Collège Kiuna reflète la longue histoire et la riche culture de la communauté dans laquelle il est situé. Un séjour dans votre établissement, seul collège conçu par et pour les Premières Nations au Québec, m'offrirait l'occasion de poursuivre mes études dans un contexte à la fois francophone et autochtone. Ouvert à tous les **étudiants** qui souhaitent en apprendre davantage sur les Premiers Peuples et leurs cultures, Kiuna a pour mission de valoriser les savoirs et les cultures des Premières Nations et de sensibiliser les non-Autochtones à leur réalité. Je souhaite particulièrement apprendre une langue autochtone. Puisque le collège offre des résidences étudiantes, je choisirais d'habiter sur les lieux pour approfondir mon expérience d'immersion.

Personnellement, je crois avoir la passion et la détermination que votre établissement recherche chez ses **étudiants**. Étant une grande voyageuse, j'ai souvent eu l'occasion de voyager à l'étranger ; mais pour ce qui est du Canada, j'ai rarement visité des endroits à l'extérieur des grandes villes. Je sais m'adapter à différents environnements, en apprenant à les apprécier pour leurs différences. Inutile de mentionner que les connaissances acquises lors de cette expérience me seront grandement utiles, au quotidien comme dans un milieu professionnel. Aussi, comprendre une réalité éloignée de la mienne m'aidera à m'adapter aux différents types de personnes avec qui je serai appelée à travailler à l'avenir. Je pourrai aussi facilement m'intégrer dans des milieux de travail interculturels ailleurs au Canada. Il me sera certainement plus facile de trouver des emplois au gouvernement fédéral ou dans un organisme à but non lucratif.

Je vous remercie à l'avance pour l'attention que vous porterez à ma demande. N'hésitez pas à communiquer avec moi à l'adresse courriel ci-dessous si vous avez besoin de plus d'informations à mon sujet.

Cordialement,
Julie Bonneau
Université de la Floride
Julie_bonneau@florida.U.edu

Ce que je dois faire pour réussir la tâche finale :

- Je me renseigne et je dresse une liste de tout ce que je dois faire pour ne rien oublier ;
- Je consulte la vidéo de l'événement portes ouvertes sur le site web du Collège Kiuna ;
- Je consulte la grille de cours du Collège Kiuna pour faire mon choix de cours ;
- Je m'informe sur les cours au Collège Kiuna portant sur les langues autochtones ;
- Je réutilise les nouveaux mots et expressions appris en rapport avec les programmes d'échange et de bourses de mobilité ;
- Je réutilise entre autres les nouvelles structures grammaticales apprises, comme les verbes pronominaux et les adverbes de sens réciproque ;
- J'écris une lettre de motivation.

Ce que je dois soumettre **au professeur** pour l'évaluation de la tâche finale :

- La lettre de motivation écrite selon le modèle (300 mots minimum).

Scénario 1 • Planifier des études dans un pays ou dans une région francophone

Langage inclusif

	Forme au masculin	Forme au féminin	Forme inclusive de toutes les identités de genre et sans hiérarchie entre les genres
Mots qui représentent une identité de genre (noms, déterminants, adjectifs, participes passés, pronoms, etc.)	1. *amis*	1. *amies*	1. *ami·e·s*
	2. *futurs*	2. *futures*	2. *futur·e·s*
	3. *tous*	3. *toutes*	3. *tous·tes*
	4. *intéressés*	4. *intéressées*	4. *intéressé·e·s*
	5. *installés*	5. *installées*	5. *installé·e·s*
	6. *promenés*	6. *promenées*	6. *promené·e·s*
	7. *baladés*	7. *baladées*	7. *baladé·e·s*
	8. *prêtés*	8. *prêtées*	8. *prêté·e·s*
	9. *un*	9. *une*	9. *un·e*
	10. *du*	10. *de la*	10. *du·de la*
	11. *mon*	11. *ma*	11. *maon*
	12. *le*	12. *la*	12. *le·la*
	13. *empressés*	13. *empressées*	13. *empressé·e·s*
	14. *au*	14. *à la*	14. *au·à la*
Noms de professions et de métiers	15. *étudiants*	15. *étudiantes*	15. *étudiant·e·s* (*étudiant·e d'échange ; étudiant·e international·e ; étudiant·e parrainé·e*)
	16. *professeur*	16. *professeure*	16. *professeur·e*

Bravo, vous avez terminé le scénario 1 du module III !

SCÉNARIO 2
Raconter un séjour d'échange

Scénario global : Vous avez participé à un programme d'échange qui vous a permis de faire des études dans une région ou dans un pays francophone, et vous racontez l'ensemble de votre expérience. Vous présentez les activités que vous avez faites et vous décrivez les lieux visités et les personnes rencontrées. Vous organisez toutes les informations dont vous avez besoin pour produire un document témoignage bien structuré.

Descripteurs

- ❏ Je peux me renseigner sur les établissements du réseau de l'Université du Québec.
- ❏ Je peux exprimer mes émotions et mes sentiments à l'écrit et à l'oral.
- ❏ Je peux rédiger un texte narratif en utilisant des marqueurs temporels et d'autres marqueurs de relation.
- ❏ Je peux faire la différence entre des séquences de texte narratif et descriptif.
- ❏ Je peux raconter des actions et des événements à l'écrit et à l'oral.
- ❏ Je peux décrire une personne, un objet, un lieu ou un phénomène à l'écrit et à l'oral.
- ❏ Je peux distinguer les contextes d'utilisation du passé composé et de l'imparfait.
- ❏ Je peux organiser mes idées dans un plan.
- ❏ Je peux rédiger un témoignage bien structuré avec une introduction et une conclusion.
- ❏ Je peux présenter mon témoignage à l'oral.

Mise en train et diagnostic

Suis-je satisfait de mon expérience d'échange universitaire au Québec ?

Activité 1 : Connaissez-vous ces logos ? Que représentent les sigles suivants ?

Cherchez le nom des 10 établissements qui forment le réseau de l'Université du Québec, citez les quatre dont le sigle ne commence pas par la lettre « U ».

1. .... 3. ....

2. .... 4. ....

Activité 2: Parmi les 10 établissements universitaires du réseau de l'Université du Québec, lequel choisiriez-vous ou recommanderiez-vous pour un programme d'échange ? Dans la liste ci-dessous, cochez toutes les raisons possibles de votre choix.

- La situation géographique de l'établissement universitaire
- Le climat de la région où se situe l'établissement universitaire
- La situation socioéconomique de la région ou du pays d'accueil
- La disponibilité et le montant des bourses d'études
- La qualité des programmes d'études
- L'expertise et le savoir-faire du personnel enseignant
- L'efficacité de l'administration
- La qualité de vie sur le campus et dans la région
- L'ouverture d'esprit et la convivialité des gens de la région
- Les opportunités de loisirs
- Les offres extracurriculaires

Activité 3: En petits groupes et à tour de rôle, répondez à ces questions à l'oral en vous basant sur votre expérience personnelle.

1. Avez-vous déjà participé à un programme d'échange ? Sinon, connaissez-vous **quelqu'un** qui l'a déjà fait ? Qu'en savez-vous ?
2. Dans quel pays, quelle région et quelle ville francophones avez-vous été dans le cadre de votre programme d'échange ?
3. Comment est la vie dans le pays, la région ou la ville francophone où vous avez fait votre programme d'échange ?
4. Quelles sont les particularités de ce pays, de cette région et de cette ville francophone ?
5. Comment s'est passée votre adaptation ?
6. Quelles difficultés avez-vous rencontrées ?
7. Avez-vous aimé votre séjour d'échange ? Pourquoi ?
8. Comment étaient les personnes que vous avez rencontrées ?

Étape 1 (médiation à l'écrit)
Faire un plan pour organiser les informations à inclure dans un compte rendu d'événements

> **Scénario intermédiaire**
>
> Vous réfléchissez aux éléments à inclure dans le témoignage que vous allez écrire. Vous commencez par organiser vos idées en vue de rédiger le plan provisoire du compte-rendu de votre expérience.

Activité 1 : Parmi les éléments d'information de la liste ci-dessous, lesquels correspondent à mon expérience dans le cadre du programme d'échange ? Je coche uniquement les choses que j'ai faites.

J'ai recueilli des informations sur les universités francophones.	J'ai rédigé ma lettre de motivation et j'ai rempli le formulaire d'inscription.
Je me suis renseigné sur les programmes de mobilité dans les pays/régions francophones.	Après avoir préparé mon dossier de candidature, j'ai tout vérifié.
J'ai cherché des informations sur la qualité de vie dans les pays qui m'intéressent.	J'ai soumis mon dossier de candidature en ligne.
J'ai évalué la qualité des programmes d'études par rapport au coût.	J'ai reçu une réponse positive après deux semaines et j'étais super content.
J'ai regardé la liste des bourses et des autres sources de financement.	J'ai participé à un atelier de prédépart en ligne organisé par l'université d'accueil.
J'ai vérifié si je réponds à toutes les conditions d'admission.	Je me suis assuré d'avoir en ma possession tous les documents de voyage.
J'ai demandé des lettres de recommandation à mes professeurs.	Je suis parti après avoir embrassé tous les membres de ma famille et mes amis.

Parmi les éléments de la liste ci-dessus, quelles sont les choses que vous n'avez pas faites ? Énumérez-les.

Je n'ai pas..

Quelles sont les choses que vous avez faites, mais qui ne se trouvent pas dans la liste ci-dessus ? Énumérez-les.

J'ai ....

Activité 2 : De quoi vais-je parler dans mon témoignage ? Je fais la liste des éléments de mon expérience d'échange en fonction de chaque catégorie du tableau.

Activités de collecte d'informations sur les programmes de mobilité	Activités de préparation et de soumission du dossier de candidature
J'ai visité le site web de plusieurs universités.	J'ai rempli plusieurs formulaires.
Activités de préparation pour l'immigration et le voyage	Activités d'installation et d'adaptation à l'université et au pays d'accueil
Je me suis renseigné sur le permis d'études.	J'ai loué une chambre hors campus.
Activités scolaires en lien avec le programme à l'université d'accueil	Activités de loisir et de rencontre avec les gens de la région
Je suivais mes cours régulièrement.	Je faisais du kayak toutes les fins de semaine.

Activité 3 : Mes réponses sont-elles différentes de celles de mes camarades ? En groupe, je commente mes réponses et je communique mon point de vue.

- Voilà les choses que j'ai faites. Et toi, qu'est-ce que tu as fait ?
- Moi, je n'ai pas fait ceci, mais j'ai fait cela…, etc.

172 | Module III • Explorer la diversité du monde francophone !

Étape 2 (réception écrite)
Réfléchir à l'organisation d'un texte narratif

Scénario intermédiaire

Maintenant que vous avez compilé les informations à inclure dans votre témoignage, vous réfléchissez à la façon de les organiser pour vous assurer que votre texte correspond à la structure typique d'un texte narratif.

Activité 1 : Je lis un extrait de texte dans lequel **un étudiant** raconte son expérience dans le cadre d'un programme d'échange à l'étranger.

Je lis le texte et je lui donne un titre approprié.

Bonjour, je m'appelle Antoine. Je suis étudiant en quatrième année de baccalauréat à l'Université Carleton, au Canada. L'année dernière, j'ai participé à un programme de mobilité. Je vous raconte en peu de mots cette expérience enrichissante. Avant de faire mon choix, je me suis renseigné sur plusieurs programmes d'échange dans plusieurs pays. C'était difficile de faire un choix, mais j'ai finalement opté pour l'Université des Antilles, à la Martinique. J'étais parfois découragé, car le processus d'inscription a pris plusieurs mois. Mes sentiments de frustration et de colère se sont dissipés dès que j'ai mis les pieds sur l'île de rêve qu'est la Martinique. En très peu de temps, j'ai pu m'installer et j'ai commencé à suivre des cours à l'université. Je me suis fait plusieurs amis, avec qui je me suis beaucoup amusé. L'année a passé beaucoup trop vite, et j'étais triste au moment de revenir au Canada. J'ai vécu une année vraiment formidable dans les Caraïbes !

Activité 2 : *Je vérifie ma compréhension du contenu du texte en répondant aux questions.*

1. Antoine a participé au programme de mobilité lorsqu'il était en troisième année.
   ❏ Vrai   ❏ Faux
2. Antoine n'a pas pris le temps de chercher des informations sur les programmes.
   ❏ Vrai   ❏ Faux
3. Il était très facile pour Antoine de choisir le programme de l'Université des Antilles.
   ❏ Vrai   ❏ Faux
4. Les démarches pour qu'Antoine soit admis dans le programme ont duré longtemps.
   ❏ Vrai   ❏ Faux
5. Antoine était triste parce qu'il n'a pas aimé son expérience à la Martinique.
   ❏ Vrai   ❏ Faux

Je m'informe sur l'organisation du texte narratif.

Le texte narratif est temporel et dynamique

Dans le texte narratif, on rapporte des actions, des faits et des événements vécus par des personnages. La caractéristique principale des séquences de texte narratif, c'est qu'elles font progresser l'histoire. L'organisation de la narration est donc essentiellement temporelle. Les temps verbaux les plus courants dans les séquences de texte narratif sont ceux du récit, soit le passé simple, le passé composé ou le présent de narration. On y trouve souvent des marqueurs temporels (avant, après, puis, soudain, la veille, plus tard, etc.) et des verbes d'action et de mouvement (marcher, courir, passer, attaquer, etc.).

> **Le texte descriptif est spatial et statique**
>
> Dans tout texte narratif, il existe presque toujours des séquences de texte descriptif. Le texte descriptif sert à décrire une personne, un objet, un lieu ou un phénomène. L'organisation de la description est essentiellement spatiale. Les séquences de texte descriptif sont souvent exprimées à l'imparfait ou au présent de l'indicatif. On y trouve souvent des marqueurs spatiaux (devant, derrière, droite, gauche, dessus, dessous, etc.) et des mots de caractérisation, comme les adjectifs et les adverbes.

Activité 3 : *Je vérifie ma compréhension de l'organisation textuelle de l'histoire d'Antoine en faisant les activités suivantes.*

A. J'indique la nature textuelle des séquences suivantes.

1. Je suis étudiant en quatrième année de baccalauréat.
   ❑ Séquence narrative   ❑ Séquence descriptive

2. L'année dernière, j'ai participé à un programme de mobilité.
   ❑ Séquence narrative   ❑ Séquence descriptive

3. Avant de faire mon choix, je me suis **renseigné** sur plusieurs programmes d'échange.
   ❑ Séquence narrative   ❑ Séquence descriptive

4. C'était difficile de faire un choix.
   ❑ Séquence narrative   ❑ Séquence descriptive

5. En très peu de temps, j'ai pu m'installer et j'ai commencé à suivre des cours à l'université.
   ❑ Séquence narrative   ❑ Séquence descriptive

6. J'étais triste au moment de revenir au Canada.
   ❑ Séquence narrative   ❑ Séquence descriptive

B. Je justifie mes choix en indiquant les éléments caractéristiques de chacune des séquences ci-dessus.

Séquences narratives	Séquences descriptives
....	....
....	....

Je m'informe sur les marqueurs de temps.

LE PASSÉ
hier
avant-hier
la veille
la semaine dernière
autrefois
le mois dernier
il y a longtemps

LE PRÉSENT
à présent
actuellement
aujourd'hui
cette fois
ce mois-ci
cette semaine
en ce moment

LE FUTUR
après-demain
dans quelques années
demain
la semaine prochaine
le lendemain
le mois prochain
plus tard

Pendant ma lecture du texte racontant l'histoire d'Antoine, je rencontre quelques marqueurs temporels.

C. Je trouve les marqueurs temporels et j'indique leur nature grammaticale, selon le modèle fourni.

Marqueurs temporels	Nature grammaticale
L'année dernière	Groupe nominal
....	....
....	....
....	....

176 | Module III • Explorer la diversité du monde francophone !

D. Je formule une phrase complète avec chacun des marqueurs temporels trouvés dans l'histoire d'Antoine, selon le modèle fourni.

Modèle

Ma famille a visité le Sénégal l'année dernière.

....

....

....

E. J'apprends des mots du champ lexical des émotions et des sentiments.

Bonheur	Malheur	Colère	Peur
béatitude	blessé	colérique	angoissé
bienheureux	bouleversé	en colère	apeuré
bien-être	calamité	énervement	cauchemar
bonté	catastrophe	exaspération	effrayé
comblé	déçu	fâché	effrayant
content	désespéré	frustré	frayeur
exaltation	déprimé	fureur	horreur
extase	en deuil	furie	inquiet
gaité	malchance	furieux	nerveux
heureux	malédiction	irrité	paniqué
joie	malheur	indigné	préoccupé
joyeux	malheureux	vexé	soucieux

F. Parmi les mots ci-dessus, je fais la liste de ceux qui sont complètement nouveaux pour moi et je consulte un dictionnaire pour me renseigner sur leur sens et leur nature grammaticale. Je suis le modèle fourni.

Mots nouveaux	Catégorie grammaticale	Sens/synonyme
béatitude	nom féminin	bonheur parfait
....	....	....
....	....	....
....	....	....
....	....	....

Scénario 2 • Raconter un séjour d'échange | 177

G. Je trouve les mots appropriés pour décrire l'état émotionnel des personnes qui vivent les situations suivantes.

Modèle : *L'état émotionnel d'Antoine pendant le processus d'inscription*
Réponse : *Il était **frustré**, en colère, **fâché**, **furieux**, **exaspéré**, etc.*

1. L'état émotionnel d'Antoine lorsqu'il devra rentrer au Canada.
   ....

2. L'état émotionnel de **quelqu'un** qui va faire un examen important.
   ....

3. L'état émotionnel d'une amie dont la grand-mère est morte de vieillesse.
   ....

4. L'état émotionnel de votre **cousin** qui a perdu son chat.
   ....

5. L'état émotionnel de votre sœur qui a gagné le gros lot au loto.
   ....

6. L'état émotionnel de vos parents qui apprennent que vous abandonnez vos études.
   ....

H. J'utilise chacun de ces mots dans une phrase complète en imaginant une situation qui correspond au sens de chacun de ces 12 mots.

Bonheur	Malheur	Colère	Peur
joyeux	**perdu**	**menaçant**	terrible
prospérité	**souffrant**	rage	**terrifié**
radieux	triste	rancœur	trouille

I. Est-ce que mes phrases sont compréhensibles ? J'échange avec mon groupe et nous discutons des différences.

1. Voilà les phrases que j'ai composées. Et vous, qu'avez-vous écrit ?
2. Je pense qu'il y a une erreur dans cette phrase.
3. Bravo pour votre phrase !

Étape 3 (réception et interaction écrite et orale)
Raconter des faits et des événements qui se sont déroulés dans le passé

Scénario intermédiaire

Maintenant que vous avez les outils qu'il vous faut pour organiser votre texte narratif et pour exprimer vos émotions, vous réfléchissez à la forme des verbes que vous allez utiliser pour vous assurer d'utiliser les temps corrects.

Je regarde une vidéo dans laquelle Maëlle, une étudiante de l'Université de Reims, raconte son expérience dans le cadre du programme Erasmus.

Activité 1 : *Sur le site de l'Université de Reims, je visionne la vidéo une première fois sans lire le texte (univ-reims.fr/international/mobilite-des-etudiants/partir-a-l-etranger/temoignages-des-etudiants/temoignages-ecrits-temoignages-clip-video,19774,33415.html). Ensuite, je l'écoute en lisant le texte, tout en faisant attention aux temps verbaux indiqués en gras.*

Je **suis née** à Reims. J'**ai** toujours **vécu** à Reims chez mes parents. Même quand j'**étais** à l'université, j'**habitais** chez mes parents. Là, partir en Erasmus, c'**était** la première fois que je **pouvais** partir. Quand on est en licence, on sait que pour apprendre la langue, pour approfondir, il n'y a rien de tel que de partir dans le pays. Aix-La-Chapelle, ce n'**était** pas vraiment un choix particulier. Comme c'est la ville jumelée avec Reims, je me **suis dit** pourquoi pas. Et puis, ce n'est pas si loin que ça. C'est à trois heures de route. Donc, c'**était** bien pour une première mobilité. J'**ai eu** de la chance de pouvoir habiter avec deux Allemands en coloc dans le centre d'Aix-La-Chapelle, donc vraiment immersion totale dans la langue. Pour ce qui est de mon état d'esprit avant de partir, j'**avais** vraiment hâte de partir, de prendre mon indépendance, de vivre là-bas comme une étudiante allemande.

Activité 2 : *Je m'informe sur l'usage des temps du passé. Je lis les informations ci-dessous et j'essaie de deviner de quel temps on parle.*

Ce temps s'emploie pour exprimer des habitudes et pour décrire des émotions, des sentiments, des lieux, des personnes et des actions passées non complétées. Il peut aussi exprimer une action en cours interrompue par une autre action au passé. C'est le temps de la description et, quand on le trouve dans un texte narratif, il permet de faire une pause dans la progression de l'histoire. **De quel temps s'agit-il ?**

Ce temps exprime des faits, des actions, des événements entièrement achevés, sans date précise ni durée. C'est le temps de la narration, car il permet de faire progresser l'histoire racontée dans un texte narratif. **De quel temps s'agit-il ?**

Activité 3 : Je relie les éléments des deux colonnes pour former des phrases complètes au passé, que j'écris dans les espaces fournis plus bas.

1. Maëlle est allée à Aix-La-Chapelle…
2. Elle a vécu à Reims…
3. Elle allait au restaurant…
4. Lorsqu'elle vivait à Aix-La-Chapelle…
5. Quand elle allait au pub le samedi…
6. Elle passait des moments agréables…

a. tous les jours.
b. elle y passait toute la soirée.
c. toute sa vie.
d. quand elle était avec ses amies.
e. elle prenait le bus régulièrement.
f. une seule fois.

- ....
- ....
- ....
- ....
- ....
- ....

Activité 4 : En groupes, faites part de votre expérience à vos camarades. Vous racontez une activité de loisir que vous avez faite pendant votre séjour d'échange.

1. Où êtes-vous **allé** ?

2. Qu'est-ce que vous avez fait ?

3. Est-ce que c'était pendant la journée ou la soirée ?

4. Est-ce que vous avez rencontré des personnes intéressantes ?

5. Qu'est-ce qui vous a le plus **marqué** dans cette expérience ?

6. Qu'est-ce que vous avez aimé le plus ?

7. Qu'est-ce que vous avez détesté ?

8. Quel était votre état émotionnel pendant cette activité ? **Heureux**, **malheureux** ?

Scénario 2 · Raconter un séjour d'échange | 181

Étape 4 (production écrite)
Je réinvestis mes connaissances

> **Scénario intermédiaire**
>
> Ayant déjà compilé et organisé les informations concernant votre expérience d'échange à l'étranger, il ne vous reste qu'à les utiliser pour rédiger votre témoignage. Vous réfléchissez à l'introduction et à la façon d'organiser les parties de votre témoignage avant de procéder à la rédaction.

Je réfléchis à l'organisation de l'introduction de mon témoignage et aux éléments d'information à y inclure. Je me base sur le modèle d'autres témoignages que j'ai lus pour remplir le tableau.

· Je me présente.   Nom et prénom, date et lieu de naissance, études, programmes, universités, etc.   · *Je m'appelle……………… Je suis………………… J'ai fait………………*
· J'introduis le sujet de mon témoignage.   De quoi s'agit-il ? Dans quel contexte en ai-je pris connaissance ? Pourquoi cela m'a-t-il autant intéressé ? etc.   · *Je vais raconter l'expérience que j'ai vécue à l'occasion de………………………………*

· J'annonce les différentes parties du contenu de mon témoignage.
    o *Dans un premier temps, je………………………………*
    o *Après, je………………………………*
    o *Ensuite, je………………………………*
    o *Pour finir, je………………………………*

Je réfléchis à l'organisation des éléments d'information que j'avais produits dans l'étape 1 pour construire les paragraphes formant le corps de mon témoignage.

- Je décide du nombre de paragraphes nécessaires.
- Je décide des informations à inclure dans chaque paragraphe.
- Je réfléchis aux marqueurs de relation qui me permettront de créer des liens logiques entre mes phrases et mes paragraphes (*avant que, premièrement, après, ensuite, en fin, en outre, en raison de, ainsi, toutefois, par conséquent, pourtant*, etc.).

1.	Activités de collecte d'informations sur les programmes de mobilité
2.	Activités de préparation et de soumission du dossier de candidature
3.	Activités de préparation pour l'immigration et le voyage
4.	Activités d'installation et d'adaptation à l'université et au pays d'accueil
5.	Activités et événements scolaires en lien avec le programme à l'université d'accueil
6.	Activités et événements de loisir et de rencontre avec les **habitants** de la région

Je prépare la conclusion de mon témoignage en me basant sur le modèle d'autres témoignages que j'ai lus.

1. Je fais une brève synthèse des informations clés à l'aide d'expressions comme : *en conclusion, en définitive, en somme, somme toute, finalement*, etc.
2. Je termine en donnant mon avis pour une projection dans le futur ;
   - Je pense qu'il s'agit d'un excellent programme de mobilité.
   - Je vous encourage donc à y participer.
   - Somme toute, je regrette d'avoir fait ce programme d'échange.

Je rédige les différentes parties de mon témoignage.

Activité 1 : J'ai tous les éléments d'information à mettre dans l'introduction. J'ai aussi pensé aux mots de relation qui me permettront d'organiser mes idées de manière logique. Il ne me reste qu'à rédiger mon paragraphe d'introduction.

....
....
....

Activité 2 : J'ai décidé du nombre de paragraphes qui composeront le corps de mon témoignage et des informations à inclure dans chacun d'eux. J'ai aussi réfléchi aux marqueurs de relation à utiliser pour assurer la cohérence de mes paragraphes. Il ne me reste qu'à rédiger le corps de mon témoignage.

....
....
....

Activité 3 : J'ai déjà réfléchi aux éléments à inclure dans la conclusion. J'ai aussi pensé aux types de marqueurs de relation à utiliser. Il ne me reste qu'à rédiger le paragraphe qui servira de conclusion à mon témoignage.

....

....

....

Activité 4 : Après avoir rédigé l'ensemble de mon témoignage, je m'assure que tout est correct dans le contenu et la forme de mon texte ?

....

....

....

Faire le point

- Rapport d'apprentissage (autoréflexion sur le progrès accompli)
- **Je réagis :** Maintenant que j'arrive à la fin du chapitre, j'écris un rapport sur mon expérience pendant le déroulement du scénario 2 ; je le communique à **mon professeur**. J'inclus les commentaires suivants dans mon rapport :
  - ce que j'ai préféré faire comme activité ;
  - ce que j'ai appris ;
  - ce que je savais déjà ;
  - ce que j'aurais aimé ne pas avoir à faire et pourquoi.

Tâche finale (production orale)

Participer à une table ronde organisée par l'université sur le sujet des programmes de mobilité.

> **Scénario final**
>
> Après avoir rédigé le témoignage décrivant votre expérience d'**étudiant** en programme de mobilité, que l'on a publié sur le site Internet de votre département, **le directeur** vous demande d'en parler lors d'une table ronde organisée par l'université. Vous acceptez de le faire. Comment allez-vous préparer votre présentation orale ?

Ce que je dois faire pour réussir la tâche finale :
- Je me renseigne et je dresse une liste de tout ce que je dois faire pour ne rien oublier ;
- Je m'informe sur le format des tables rondes ;
- Je prépare ma présentation orale en fonction de ce que j'ai appris ;
- Je réutilise les nouveaux mots et expressions appris ;
- Je réutilise entre autres les nouvelles structures grammaticales apprises ;
- Je répète plusieurs fois mon exposé oral ;
- J'enregistre l'une des séances de répétition.

Ce que je dois soumettre **au professeur** pour l'évaluation de la tâche finale :
- Le fichier PowerPoint de l'exposé oral ;
- La vidéo d'une séance de répétition.

Langage inclusif

Tableau récapitulatif de l'écriture inclusive dans le scénario 2 du module III

	Forme au masculin	Forme au féminin	Forme inclusive de toutes les identités de genre et sans hiérarchie entre les genres
Mots qui représentent une identité de genre (noms, déterminants, adjectifs, participes passés, pronoms, etc.)	1. satisfait	1. satisfaite	1. satisfait·e
	2. quelqu'un	2. quelqu'une	2. quelqu'un·e
	3. renseigné	3. renseignée	3. renseigné·e
	4. content	4. contente	4. content·e
	5. parti	5. partie	5. parti·e
	6. ami/amis	6. amie/amies	6. ami·e/ami·e·s
	7. bienheureux	7. bienheureuse	7. bienheureux·euse
	8. comblé	8. comblée	8. comblé·e
	9. heureux	9. heureuse	9. heureux·se
	10. joyeux	10. joyeuse	10. joyeux·se
	11. blessé	11. blessée	11. blessé·e
	12. bouleversé	12. bouleversée	12. bouleversé·e
	13. déçu	13. déçue	13. déçu·e
	14. désespéré	14. désespérée	14. désespéré·e
	15. déprimé	15. déprimée	15. déprimé·e
	16. malheureux	16. malheureuse	16. malheureux·se
	17. fâché	17. fâchée	17. fâché·e
	18. frustré	18. frustrée	18. frustré·e
	19. furieux	19. furieuse	19. furieux·se
	20. vexé	20. vexée	20. vexé·e
	21. irrité	21. irritée	21. irrité·e
	22. indigné	22. indignée	22. indigné·e
	23. angoissé	23. angoissée	23. angoissé·e
	24. apeuré	24. apeurée	24. apeuré·e
	25. effrayé	25. effrayée	25. effrayé·e
	26. effrayant	26. effrayante	26. effrayant·e

	Forme au masculin	Forme au féminin	Forme inclusive de toutes les identités de genre et sans hiérarchie entre les genres
Mots qui représentent une identité de genre (noms, déterminants, adjectifs, participes passés, pronoms, etc.) – suite	27. inquiet	27. inquiète	27. inquiet·ète
	28. nerveux	28. nerveuse	28. nerveux·se
	29. paniqué	29. paniquée	29. paniqué·e
	30. préoccupé	30. préoccupée	30. préoccupé·e
	31. radieux	31. radieuse	31. radieux·se
	32. perdu	32. perdue	32. perdu·e
	33. souffrant	33. souffrante	33. souffrant·e
	34. menaçant	34. menaçante	34. menaçant·e
	35. terrifié	35. terrifiée	35. terrifié·e
	36. allé	36. allée	36. allé·e
	37. au	37. à la	37. au·à la
	38. soucieux	38. soucieuse	38. soucieux·se
	39. exaspéré	39. exaspérée	39. exaspéré·e
	40. cousin	40. cousine	40. cousin·e
	41. un	41. une	41. un·e
	42. marqué	42. marquée	42. marqué·e
	43. mon	43. ma	43. maon
	44. habitants	44. habitantes	44. habitant·e·s
	45. le	45. la	45. le·la
Noms de professions et de métiers	46. professeur/ professeurs	46. professeure/ professeures	46. professeur·e/professeur·e·s
	47. directeur	47. directrice	47. directeur·trice
	48. étudiant/étudiants	48. étudiante/ étudiantes	48. étudiant·e/étudiant·e·s

Bravo, vous avez terminé le scénario 2 du module III !

SCÉNARIO 3

Décrire les coutumes et les traditions d'un pays ou d'une région francophone

> **Scénario global :** Vous participez à un programme d'échange à l'Université des Antilles, dans la Caraïbe, où vous passez une année extraordinaire. Vous avez l'occasion de faire plusieurs activités extracurriculaires. Vous décrivez un aspect d'une sortie culturelle que vous avez faite et vous expliquez en quoi vous avez trouvé cette expérience différente ou similaire à celle des pratiques culturelles de votre propre culture.

Descripteurs

- ❏ Je peux consulter des sites Internet pour me renseigner sur les traditions et les coutumes d'un autre peuple.
- ❏ Je peux comparer des pratiques culturelles de différents peuples.
- ❏ Je peux me renseigner pour choisir des activités culturelles à faire en fonction de mes goûts et de mes intérêts personnels.
- ❏ Je peux consulter un site Internet portant sur l'interculturalité et en expliquer 10 termes.
- ❏ Je peux identifier des séquences de texte descriptif.
- ❏ Je peux rédiger un texte descriptif en utilisant des connecteurs logiques.
- ❏ Je peux décrire une personne, un objet, un lieu ou un phénomène.
- ❏ Je peux rédiger un texte à dominante descriptive en respectant les procédés typiques de ce genre de discours.

Mise en train et diagnostic

Questionnaires : Suis-je *ouvert* à la diversité culturelle ?

A. Faites ce premier petit test pour vérifier vos connaissances sur le sujet de l'interculturalité. Répondez aux questions en choisissant la ou les réponses qui vous semblent appropriées.

1. La culture, c'est…
   a. ce qui fait la supériorité d'un peuple par rapport à un autre.
   b. l'ensemble des traits caractéristiques d'un peuple.
   c. la somme de connaissances d'un individu.

2. L'interculturalité, c'est…
   a. les conflits entre les différentes cultures.
   b. les conséquences négatives des interactions culturelles.
   c. l'ensemble des interactions entre des cultures différentes.

3. Dans un contexte interculturel, il y a…
   a. des échanges réciproques entre les individus.
   b. la domination de certains individus sur les autres.
   c. des individus qui ne se mélangent pas.

4. L'un des objectifs d'un projet interculturel est de…
   a. éviter le dialogue, le partage et le travail en commun.
   b. créer des conflits entre les individus.
   c. faciliter la coexistence de peuples d'origines différentes.

5. Les stéréotypes et les préjugés proviennent…
   a. de l'éducation et des médias.
   b. de nos gènes.
   c. de l'Europe.

Scénario 3 • Décrire les coutumes et les traditions d'un pays ou d'une région…

B. Faites ce deuxième test pour déterminer votre degré d'ouverture à l'interculturalité. Répondez aux questions avec le plus d'objectivité possible.

1. Vous êtes témoin de l'usage de propos racistes contre une personne. Que faites-vous ?

    a. Je change de chemin pour les éviter.

    b. Je rejoins celles qui tiennent des propos racistes.

    c. Je demande aux racistes d'arrêter en présentant des arguments convaincants.

2. Vous et vos **amis** aimez les côtelettes de porc. Parmi vos **invités** à diner, il y a un couple dont la religion interdit de manger du porc. Que faites-vous ?

    a. Tant pis pour **eux**. Ils mangeront plus de salade et de dessert.

    b. Je leur trouverai quelque chose dans le frigo.

    c. Je prévois un autre type de viande pour eux.

3. Que pensez-vous des relations conjugales entre individus d'origines raciales ou ethniques différentes ?

    a. J'ai un problème avec ça.

    b. Ça ne m'intéresse pas.

    c. Je trouve ça normal.

4. On vous propose de signer une pétition pour le respect des droits des minorités. Que faites-vous ?

    a. Je ne signe pas, parce que je ne me sens pas **concerné**.

    b. Je signe.

    c. Je signe et je demande à d'autres de signer aussi.

5. On vous propose de participer à une session de formation sur l'interculturalité. Que faites-vous ?

    a. J'y participe, car cela nous concerne tous.

    b. Je n'y participe pas, car ce sujet ne m'intéresse pas.

    c. Je n'y participe pas, car je suis absolument contre cette idée.

Étape 1 (médiation à l'écrit)
Préparer des éléments d'information à inclure dans un texte à dominante descriptive

> **Scénario intermédiaire**
>
> Vous cherchez des idées pour rédiger un texte descriptif sur un aspect intéressant d'une sortie culturelle que vous avez faite dans le cadre d'un programme d'échange universitaire dans la Caraïbe.

Activité 1 : Quel type de sortie culturelle préférez-vous ? Je coche mes activités culturelles préférées et je justifie mes choix.

- J'aime ...., parce que ....

aller au cinéma avec des amis	aller au carnaval
aller au théâtre	participer à une foire gastronomique
aller à l'opéra	visiter un site historique
visiter un musée	visiter un site archéologique
assister à un concert	visiter un zoo

Activité 2 : Quels sont les types de sortie culturelle que vous n'aimez pas ? Expliquez pourquoi vous n'aimez pas les sorties culturelles que vous n'avez pas cochées.

- Je n'aime pas ...., parce que ....

Activité 3 : Qu'est-ce qu'on fait en général dans le cadre de ces sorties ? Parmi mes sorties culturelles préférées, j'en choisis deux et je donne quelques détails sur chacune.

Modèle
Lorsqu'on va au carnaval, on s'amuse, on chante et on danse. On voit beaucoup de gens dans les rues, qui se déguisent avec des masques et des costumes de plusieurs couleurs très vives...

Activité 4 : Mes réponses sont-elles différentes de celles de mes camarades ? En groupe, je commente mes réponses et je communique mon point de vue.

- Voilà mes réponses. Et toi, qu'est-ce que tu as trouvé ?
- Pourquoi ceci et non pas cela ? Etc.

Étape 2 (réception et production écrite)
Se renseigner pour faire un choix

> **Scénario intermédiaire**
>
> Vous visitez des sites Internet à la recherche d'informations sur les activités culturelles à faire dans les Antilles. Vous vous renseignez aussi auprès des habitants de la région avant de faire votre choix.

Activité 1 : Je visite le site Internet de l'Université des Antilles (univ-ag.fr/), à la recherche d'informations sur les activités culturelles destinées aux étudiants internationaux en échange. Je réponds aux questions suivantes avec des phrases complètes.

1. Sur la page d'accueil du site, sur quel onglet allez-vous cliquer pour trouver des informations sur les sorties culturelles ?

2. Lorsque vous arrivez à l'endroit choisi, sur quel autre onglet cliquez-vous pour continuer la recherche ?

3. Sur quelle page cliquez-vous ensuite dans le menu déroulant ?

4. Parmi les îles à découvrir, laquelle aimeriez-vous visiter ? Pourquoi ?

Scénario 3 • Décrire les coutumes et les traditions d'un pays ou d'une région... | 193

Activité 2 : Je consulte le site Internet officiel de la Martinique (martinique.org) et je vérifie ma compréhension des informations obtenues en répondant aux questions suivantes.

1. La Martinique est un territoire français.
   ❏ Vrai   ❏ Faux

2. La capitale de la Martinique, c'est Basse-Terre.
   ❏ Vrai   ❏ Faux

3. À la Martinique, on parle le français et le créole.
   ❏ Vrai   ❏ Faux

4. La Martinique produit l'un des meilleurs rhums au monde
   ❏ Vrai   ❏ Faux

5. La montagne Pelée se trouve au sud de la Martinique.
   ❏ Vrai   ❏ Faux

6. Le Fort Saint-Louis se trouve au nord de la Martinique.
   ❏ Vrai   ❏ Faux

Activité 3 : Je me renseigne auprès des **habitants** de la région pour choisir la sortie culturelle qui correspond le mieux à mes intérêts. Je fais la liste des questions que je vais leur poser et je note les détails de leur réponse.

Modèle

Parmi les îles des Antilles françaises, laquelle offre selon vous les meilleures activités culturelles ? Pourquoi ?

Activité 4 : J'apprends des mots relatifs au domaine de la culture : Je rédige dans mes propres mots une brève définition pour chacune des expressions ci-dessous, en me servant de dictionnaires. Dans ma définition, je n'oublie pas d'indiquer la nature grammaticale des mots, comme dans l'exemple.

194 | Module III • Explorer la diversité du monde francophone !

> **Vocabulaire lié au domaine de la culture**
>
> communauté, coutume, croyance, culture, diversité, formule de politesse, groupe ethnique, habitude, interculturalité, interculturel, langue locale, langue nationale, langue officielle, mœurs, multiculturel, religion, rite, tradition, usage, valeurs, etc.

Modèle
Culture : nom commun féminin, qui renvoie à l'ensemble des traits caractéristiques d'une communauté humaine.

Activité 5 : Je visite la page Internet « Dialogue interculturel » de l'UNESCO (https://fr.unesco.org/interculturaldialogue/core-concepts). Parmi tous les concepts clés définis sur la page, j'en choisis au moins 10 que j'utilise dans des phrases complètes pour démontrer que j'en comprends le sens. Plusieurs concepts peuvent être utilisés dans une seule et même phrase, comme dans le modèle ci-dessous.

Modèle
Compétence interculturelle : On devrait enseigner les compétences interculturelles à l'école pour favoriser l'intégration des immigrants, le dialogue interculturel et la convivialité dans la société.

Scénario 3 · Décrire les coutumes et les traditions d'un pays ou d'une région… | 195

Étape 3 (réception écrite)
La structure du texte descriptif

> **Scénario intermédiaire**
>
> Ayant collecté des informations sur les sorties culturelles, vous vous renseignez sur les caractéristiques et les procédés d'écriture du texte descriptif.

Activité 1 : Je vérifie mes connaissances sur le texte descriptif en répondant aux questions.

1. Que signifie le verbe « décrire » ?
   ....

2. À quoi sert le texte descriptif ?
   ....

3. Quels sont les éléments grammaticaux qui permettent de reconnaître un texte descriptif ?
   ....

4. Quels temps emploie-t-on dans la description ?
   ....

5. Quelle différence y a-t-il entre la description et la narration ?
   ....

Activité 2 : Je lis la page intitulée « La montagne Pelée » sur le site Internet de la Martinique (martinique.org/experience/la-montagne-pelee) et je réponds aux questions en choisissant la meilleure réponse.

1. À quoi sert le sous-titre « La grande dame du Nord » ?
   a. À fournir plus d'informations sur le titre.
   b. À qualifier l'objet du texte.
   c. Toutes ces réponses.

2. La montagne Pelée est qualifiée de « grande dame du Nord », parce qu'elle…
   a. peut être explorée par les touristes.
   b. inspire le respect par sa taille imposante.
   c. Toutes ces réponses.

3. La montagne Pelée, c'est quoi exactement ?
   a. C'est un endroit où l'on peut faire du ski.
   b. C'est un site naturel où il y a un volcan.
   c. Toutes ces réponses.

4. Quel type d'activités peut-on faire à la montagne Pelée ?
   a. On peut y faire un pique-nique en famille.
   b. On peut y faire des randonnées.
   c. Toutes ces réponses.

5. Par quel moyen les touristes peuvent-**ils** accéder au sommet de la montagne Pelée ?
   a. En empruntant plusieurs sentiers.
   b. Par avion.
   c. Toutes ces réponses.

6. Quelles autres activités y a-t-il à faire dans le nord de l'île ?
   a. On peut visiter le domaine d'Émeraude.
   b. On peut visiter la distillerie J.M.
   c. Toutes ces réponses.

Je m'informe sur certains des procédés descriptifs.

L'usage de la définition

Souvent encadré par des virgules, ce procédé sert à expliquer le sens d'un terme inconnu pour faciliter la compréhension **du lecteur**.
Exemple : Barbancourt, ce fameux rhum haïtien, est issu d'une double distillation.

L'usage des exemples

Ce procédé sert à ajouter des détails pour illustrer son propos. Il est en général introduit par *tel que*, *par exemple*, *comme*, etc.
Exemple : Les meilleurs rhums au monde, tels que Barbancourt, Clément et Appleton, sont produits dans la Caraïbe.

L'usage de la reformulation

Ce procédé sert à reprendre une explication de manière différente. Il est en général introduit par *c'est-à-dire*, *autrement dit*, etc.
Exemple : La méthode double passe, c'est-à-dire la double distillation, permet de produire un rhum plus raffiné.

L'usage de la comparaison

Ce procédé sert à comparer deux éléments pour donner une image plus précise. Il est en général introduit par *comme*, *même*, *pareil à*, *plus que*, *moins que*, etc.
Exemple : La qualité du rhum Barbancourt est similaire à celle du rhum Appleton

Scénario 3 • Décrire les coutumes et les traditions d'un pays ou d'une région…

📖 **Je vérifie ma compréhension des procédés descriptifs.** Je lis le texte suivant et je repère les différents procédés descriptifs.

> L'histoire de la culture de la canne à sucre, plante tropicale originaire d'Asie, est intimement liée à celle d'Haïti. Cette île de la Caraïbe a longtemps été considérée comme la « Perle des Antilles », c'est-à-dire la colonie française la plus riche de toute la région caribéenne. L'industrie de la canne à sucre, qui a fait la fierté de cette ancienne colonie française, a également été le cauchemar des esclaves africains. La culture de la canne à sucre et de ses produits dérivés, tels que le sucre, le sirop et le rhum, continue d'être une activité économique importante dans le pays. Depuis plus de 150 ans, la distillerie Barbancourt produit une variété de rhums de grande qualité aux saveurs authentiques et raffinées, tels que le rhum blanc, le rhum 8 ans d'âge, le rhum de la réserve du domaine, etc. À Châteaublond, ancienne habitation coloniale, située sur la route de Tabarre non loin de Port-au-Prince, le groupe Canez-Auguste a créé le Parc historique de la canne à sucre. Il s'agit d'un musée patrimonial et industriel qui présente au public l'histoire d'une ancienne usine sucrière. Cette initiative contribue à la préservation d'un aspect important du patrimoine historique et culturel d'Haïti.

Activité 3 : *Dans les endroits appropriés ci-dessous, je recopie des passages du texte pour indiquer la nature des différents procédés descriptifs qui y sont utilisés.*

- La définition

  ....

- L'exemple

  ....

- La reformulation

  ....

- La comparaison

  ....

Étape 4 (réception audiovisuelle et production écrite)
Réinvestir les connaissances

Décrire et comparer des pratiques culturelles

> **Scénario intermédiaire**
>
> Après avoir obtenu assez d'informations sur les activités culturelles à faire dans la région de la Caraïbe, vous avez fait votre choix. Lors de votre sortie culturelle, vous avez appris comment on fabrique le chocolat en Martinique. Vous vous apprêtez maintenant à décrire cet aspect précis de votre expérience.

J'organise les informations à inclure dans mon texte descriptif, en me basant sur le canevas ci-dessous.

> **Le plan de mon texte descriptif**
>
> Introduction générale
> Sujet amené : j'introduis le sujet de mon texte.
> Sujet posé : j'exprime clairement le sujet de mon texte.
> Sujet divisé : je présente les aspects qui seront abordés.
>
> Développement
> Paragraphe n° 1 : j'introduis le premier aspect à décrire.
> Je présente les différents sous-aspects.
> Je clos la description de l'aspect n° 1 en une phrase.
>
> Paragraphe n° 2 : j'introduis le premier aspect à décrire.
> Je présente les différents sous-aspects.
> Je clos la description de l'aspect n° 2 en une phrase.
>
> Paragraphe n° 3 : j'introduis le premier aspect à décrire.
> Je présente les différents sous-aspects.
> Je clos la description de l'aspect n° 3 en une phrase.

Conclusion générale
Synthèse : je résume le sujet et les aspects abordés dans mon texte.
Ouverture : je termine par de nouvelles pistes de réflexion sur le sujet.

Je pratique le discours oral du texte descriptif à partir des activités ci-dessous et selon le canevas ci-dessus.

Activité 1 : Pendant votre séjour dans la Caraïbe, vous êtes *allé* au carnaval à la Barbade. Vous décrivez votre expérience à l'oral. Pour aider votre *interlocuteur* à mieux comprendre la réalité que vous décrivez, vous comparez cette expérience caribéenne à celle de la pratique culturelle du carnaval au Québec. Vous notez vos idées ici.

....
....
....
....

Activité 2 : Pendant votre séjour dans la Caraïbe, vous avez fait du ski nautique sur la mer. Vous décrivez votre expérience à l'oral. Pour aider votre *interlocuteur* à mieux comprendre la réalité que vous décrivez, vous comparez cette expérience caribéenne à celle de la pratique du ski sur la neige au Canada. Vous notez vos idées ici.

....
....
....
....

Activité 3 : Pendant votre séjour à la Martinique, vous avez visité des endroits où vous avez découvert les saveurs de la gastronomie créole. Vous décrivez votre expérience à l'oral. Pour aider votre *interlocuteur* à mieux comprendre, vous comparez cette expérience caribéenne à celle que vous avez vécue dans une cabane à sucre au Québec. Vous notez vos idées ici.

....
....
....
....

Faire le point

- Rapport d'apprentissage (autoréflexion sur le progrès accompli)
- **Je réagis :** Maintenant que j'arrive à la fin du chapitre, j'écris un rapport sur mon expérience pendant le déroulement du scénario 3 ; je le présente à **mon professeur**. J'inclus les commentaires suivants dans mon rapport ;
    - ce que j'ai préféré faire comme activité ;
    - ce que j'ai appris ;
    - ce que je savais déjà ;
    - ce que j'aurais aimé ne pas avoir à faire et pourquoi.

Tâche finale (activités de médiation et de production écrite)

Décrire les coutumes et les traditions observées dans une région francophone.

Scénario final

Vous suivez un cours d'anthropologie sociale. Comme travail écrit, vous devez présenter un aspect des coutumes et des traditions d'un autre peuple. Ayant obtenu les informations nécessaires pour bien organiser le contenu et la forme de votre rédaction, vous regardez la vidéo sur la fabrication artisanale du chocolat (https://www.youtube.com/watch?v=eBjbmndxROk) et vous présentez le processus dans un texte descriptif de 300 mots minimum.

Ce que je dois faire pour réussir la tâche finale :
- Je me renseigne et je dresse une liste de tout ce que je dois faire pour ne rien oublier ;
- Je visionne la vidéo en entier une première fois pour avoir une vue d'ensemble ;
- Je visionne la vidéo une deuxième fois en prêtant attention aux détails ;
- Je visionne la vidéo une troisième fois en prenant des notes ;
- J'utilise un dictionnaire pour chercher la définition des mots inconnus ;
- Je rédige les différentes parties de ma rédaction ;
- Je relis et je corrige l'ensemble de ma rédaction avant de la soumettre.

Ce que je dois soumettre **au professeur** pour l'évaluation de la tâche finale :
- Un texte descriptif de 300 mots minimum.

Langage inclusif

Tableau récapitulatif de l'écriture inclusive dans le scénario 3 du module III

	Forme au masculin	Forme au féminin	Forme inclusive de toutes les identités de genre et sans hiérarchie entre les genres
Mots qui représentent une identité de genre (noms, déterminants, adjectifs, participes passés, pronoms, etc.)	1. *ouvert*	1. *ouverte*	1. *ouvert·e*
	2. *mon*	2. *ma*	2. *maon*
	3. *ami/amis*	3. *amie/amies*	3. *ami·e/ami·e·s*
	4. *invités*	4. *invitées*	4. *invité·e·s*
	5. *ils*	5. *elles*	5. *iels* (voir p. xiv)
	6. *concerné*	6. *concernée*	6. *concerné·e*
	7. *allé*	7. *allée*	7. *allé·e*
	8. *au*	8. *à la*	8. *au·à la*
	9. *eux*	9. *elles*	9. *iels*
	10. *habitants*	10. *habitantes*	10. *habitant·e·s*
	11. *internationaux*	11. *internationales*	11. *internationaux·ales*
	12. *du*	12. *de la*	12. *du·de la*
	13. *lecteur*	13. *lectrice*	13. *lecteur·trice*
	14. *interlocuteur*	14. *interlocutrice*	14. *interlocuteur·trice*
Noms de professions et de métiers	15. *professeur*	15. *professeure*	15. *professeur·e*
	16. *étudiants*	16. *étudiantes*	16. *étudiant·e·s*

Bravo, vous avez terminé le scénario 3 du module III !

SCÉNARIO 4

Préparer un exposé oral sur la situation socioéconomique et politique d'un pays ou d'une région francophone

> **Scénario global :** Après avoir participé à un programme d'échange d'un an dans la Caraïbe, où vous avez visité plusieurs pays francophones de la région, vous en choisissez un sur lequel vous faites des recherches approfondies afin de présenter sa situation socioéconomique et politique dans un exposé oral à des camarades de classe.

Descripteurs

- ❏ Je peux consulter des sites Internet et lire des documents officiels pour me renseigner sur les traditions et les coutumes d'un pays francophone, sur la francophonie canadienne et sur l'Organisation internationale de la Francophonie.
- ❏ Je peux utiliser certains mots du lexique relatif à la situation socioéconomique et politique des pays du Sud anciennement colonisés.
- ❏ Je peux exprimer la cause, la conséquence et le but, à l'écrit et à l'oral.
- ❏ Je peux préparer et présenter un exposé oral en public.

Mise en train et diagnostic

Testez vos connaissances sur la francophonie canadienne et mondiale

La francophonie canadienne – Je visite le site Internet de Radio-Canada pour y faire directement le quiz sur la francophonie canadienne (ici.radio-canada.ca/quiz/societe/manitoba/connaissez-vous-votre-francophonie-canadienne).

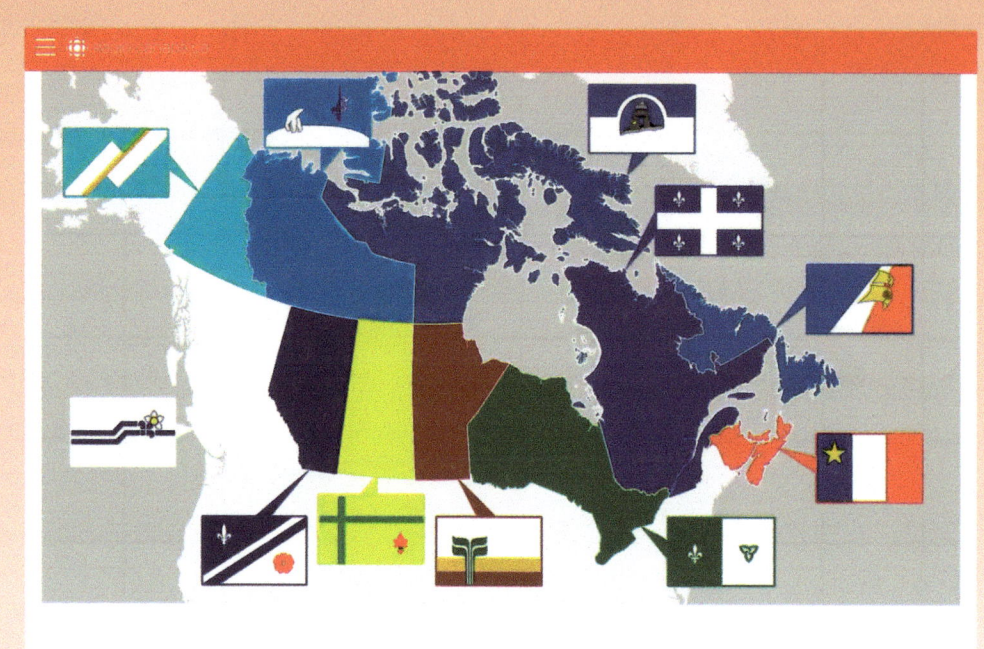

Connaissez-vous votre francophonie canadienne?

La francophonie internationale (OIF) – Je visite le site Internet de l'Organisation internationale de la Francophonie pour m'informer afin de faire le quiz ci-dessous (jeunesse.francophonie.org/actualites/item/1319).

En 2021, l'OIF accompagnera 32 entreprises francophones pionnières de l'entrepreneuriat !

204 | Module III · Explorer la diversité du monde francophone !

La Francophonie en chiffres – Choisissez la meilleure réponse à chacune des questions.

1. Combien y a-t-il de francophones dans le monde ?
   a. 132 millions de francophones
   b. 30 millions de francophones
   c. 300 millions de francophones

2. L'OIF est composée de combien d'États et de gouvernements ?
   a. 88 États et gouvernements
   b. 44 États et gouvernements
   c. 55 États et gouvernements

3. Combien de personnes dans le monde apprennent le français comme langue étrangère ?
   a. 50 millions de personnes.
   b. 81 millions de personnes.
   c. 132 millions de personnes.

4. Quelle place le français occupe-t-il parmi les langues les plus parlées au monde ?
   a. 5e place
   b. 3e place
   c. 10e place

5. Quelle place le français occupe-t-il parmi les langues les plus utilisées sur Internet ?
   a. 3e place
   b. 4e place
   c. 7e place

6. Sur quel continent y a-t-il le plus de locuteurs du français et en quel pourcentage ?
   a. Il y en a environ 45 % en Europe.
   b. Il y en a environ 7 % en Amérique.
   c. Il y en a environ 47 % en Afrique.

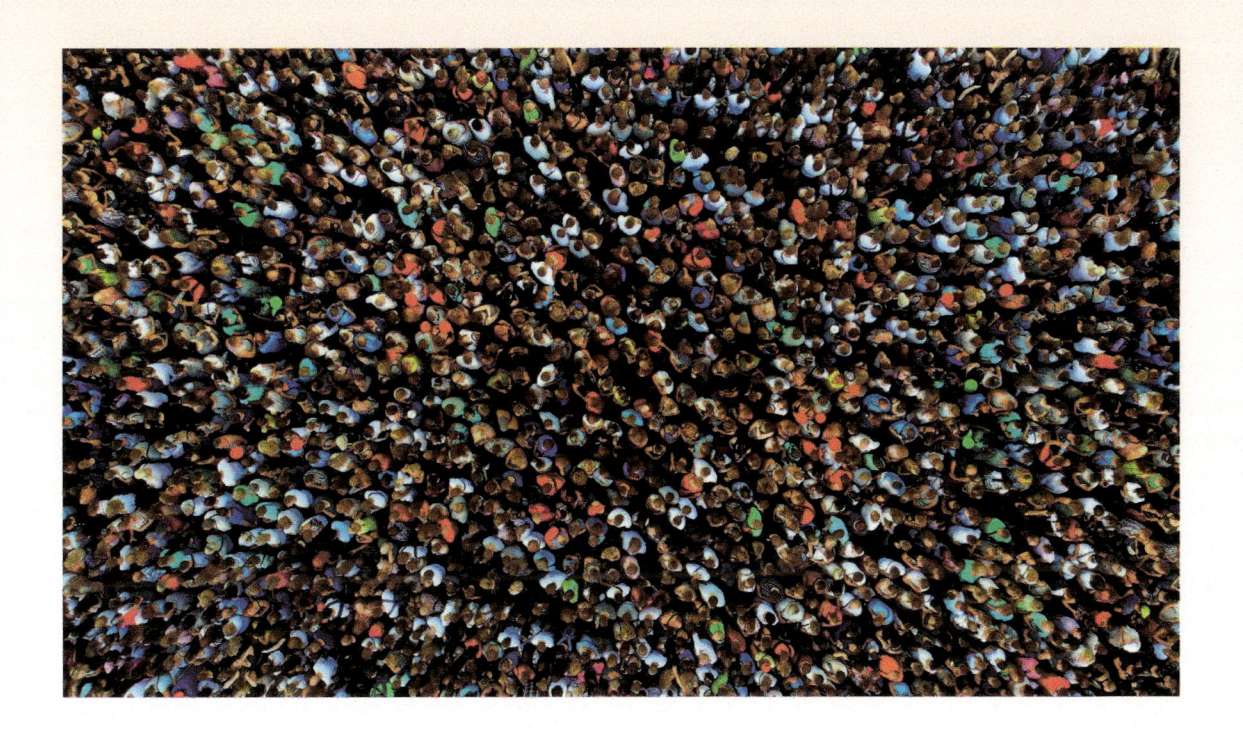

Étape 1 (réception écrite et audiovisuelle)
Consulter des documents officiels et collecter des données fiables sur le sujet à traiter

> **Scénario intermédiaire**
>
> Pour avoir une idée plus large de la question, vous vous êtes **informé** sur la répartition des francophones au Canada et dans le monde, mais vous savez que vous voulez faire votre exposé sur un pays de la Caraïbe francophone. Vous continuez vos recherches sur la région afin de faire un choix avisé.

Activité 1 : Dans la Caraïbe, il existe trois territoires et un pays où le français est une langue officielle. Écrivez le nom de chaque territoire et pays en dessous de son emblème.

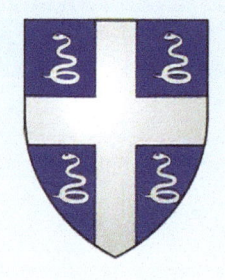

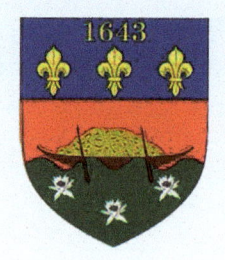

_____   _____   _____   _____

Activité 2 : Je fais des recherches sur le site Internet L'aménagement linguistique dans le monde (axl.cefan.ulaval.ca/index.html), puis j'indique la langue ou les langues parlées dans ces pays de la Caraïbe.

Activité 3 : Je visite la page La francophonie dans les Antilles (francophoniedesameriques.com/zone-franco/la-francophonie-des-ameriques/antilles) sur le site Internet du Centre de la francophonie des Amériques, puis je réponds aux questions.

206 | Module III • Explorer la diversité du monde francophone !

1. Antigua-et-Barbuda   Modèle : *On y parle l'anglais et le créole*

2. Bahamas   ....

3. Cuba   ....

4. Dominique   ....

5. Haïti   ....

6. Jamaïque   ....

7. République dominicaine   ....

8. Saint-Kitts-et-Nevis   ....

9. Sainte-Lucie   ....

10. Saint-Vincent-et-les Grenadines ....

11. Trinité-et-Tobago   ....

La situation sociolinguistique de certains pays de la Caraïbe

L'espace francophone de la Caraïbe est composé de trois territoires et d'un pays. Sur le plan politique, quelle est la différence entre les termes « territoire » et « pays » ?

Quel est le seul pays francophone indépendant de la Caraïbe et en quelle année ce pays a-t-il pris son indépendance ?

Quel est le statut des langues parlées dans les pays de la Caraïbe ? Lesquelles sont considérées comme des langues officielles ? Pourquoi ?

Quelles différences peut-on faire entre les langues dites « locales » parlées dans ces pays et les langues officielles ?

Parmi les langues dites « locales », laquelle est la plus populaire à travers tous ces pays de la Caraïbe ? Pourquoi ?

Cette langue dite « locale » a pourtant accédé au statut de langue officielle dans un seul pays de la Caraïbe. De quel pays s'agit-il ?

Je compare mes réponses à celles de mes camarades ? En groupe, je commente mes réponses et je communique mon point de vue.

- Voilà ce que j'ai trouvé. Et toi, qu'est-ce que tu as trouvé ?
- Moi, je trouve que... Je ne crois pas que... Etc.

Étape 2 (réception écrite/orale et activité interactionnelle)
Choisir un territoire ou un pays francophone à présenter

> **Scénario intermédiaire**
>
> Vos recherches sur les pays de la Caraïbe vous ont permis de découvrir l'existence d'Haïti, un pays francophone qui est d'une grande richesse culturelle et historique, tout en étant paradoxalement d'une extrême pauvreté sur le plan socioéconomique. Vous continuez vos recherches sur ce pays pour préparer votre exposé oral.

Activité 1 : Lorsque vous faites une recherche sur Haïti sur Internet, quel type d'informations trouvez-vous ? Je coche les informations qui correspondent le plus à celles qu'on trouve généralement sur les médias en ligne.

- Haïti, un pays de rêve
- Haïti, une nation maudite
- Haïti, la perle des Antilles
- Haïti, un État failli
- Haïti, un pays de montagnes et de plages merveilleuses
- Haïti, l'un des pays les plus pauvres du monde
- Haïti, la première République noire au monde
- Haïti, le pays des catastrophes
- Haïti, un symbole de liberté pour l'humanité
- Haïti, un pays de merde

Activité 2 : Je regarde une vidéo d'actualité sur Haïti sur le site Internet de France24 et je vérifie ma compréhension des informations obtenues en répondant aux questions suivantes.

Lien : france24.com/fr/vid%C3%A9o/20210707-ha%C3%AFti-le-pays-le-plus-pauvre-d-am%C3%A9rique-latine-et-des-cara%C3%AFbes.

HAÏTI - PRODUIT INTÉRIEUR BRUT (PIB)

1 149 $ PAR AN ET PAR HABITANT EN 2020
EN BAISSE DE
▶ % PAR RAPPORT A 2019

Source : Banque mondiale

HAÏTI
LE PAYS LE PLUS PAUVRE D'AMÉRIQUE LATINE ET DES CARAÏBES

ÉCONOMIE

Activité 3 : J'organise les éléments d'informations obtenus de la vidéo, dans l'ordre selon lequel ils sont fournis par les deux journalistes. Suivez l'exemple.

L'ordre	Les éléments d'information
	La pauvreté qui dure des décennies.
	Haïti semble être condamnée à la pauvreté.
	Haïti est frappée par l'ouragan Matthew en 2016.
	Haïti est un pays où il y a beaucoup de corruption.
1	L'assassinat du président haïtien sur fond de crise politique et économique.
	Haïti est un pays d'inégalités, où une minorité détient 64% des richesses du pays.
	L'aide internationale dont bénéficie Haïti est inefficace.
	Le produit intérieur brut (PIB) d'Haïti, déjà très bas, continue de chuter.
	Haïti est frappée par le séisme de 2010 qui a tué près de 250000 personnes.
	Haïti est en retard dans la campagne de vaccination contre la COVID-19.

Activité 4 : Je résume en un paragraphe les informations fournies par les journalistes.

....

....

....

....

....

....

> **Vocabulaire lié à la situation des pays du Sud anciennement colonisés**
>
> autonomie, colon, colonial, colonialisme, colonialiste, colonie, colonisateur, colonisation, coloniser, corruption, décolonisation, décoloniser, dépendance, dépendant, dictat, dictateur, dictatorial, francophone, francophonie, impérialisme, indépendance, monopole, pauvreté, produit intérieur brut, restitution, sous-développement, etc.

Activité 5 : J'apprends des mots relatifs à la situation socioéconomique et politique des pays du Sud anciennement colonisés – Je rédige dans mes propres mots une brève définition pour chacune des expressions ci-dessous, en me servant de dictionnaires. Je n'oublie pas d'indiquer dans ma définition la nature grammaticale des mots, comme dans le modèle ci-dessous.

Modèle
Autonomie : nom commun féminin, qui renvoie au droit et à la capacité de se gouverner ou de fonctionner sans être dépendant.

Activité 6 : Selon le modèle ci-dessous, j'écris des phrases complètes avec tous les mots définis pour démontrer que je comprends leur sens.

Modèle
Autonomie : Tant que les pays du Sud anciennement colonisés restent économiquement dépendants des pays impérialistes, ils n'auront pas d'autonomie sur le plan politique.

Scénario 4 • Préparer un exposé oral sur la situation socioéconomique...

Étape 3 (réception écrite et activité interactionnelle)
Veiller à la cohérence dans la préparation d'un exposé oral

Scénario intermédiaire

Vous continuez à compiler des informations sur Haïti. En même temps, vous commencez à réfléchir à la façon d'organiser votre exposé oral, car la cohérence est d'une grande importance pour vous. Vous réfléchissez donc aux marqueurs de relation que vous allez employer pour bien structurer votre exposé.

Activité 1 : Extrait d'un article de presse sur Haïti – *Je lis l'extrait une première fois en essayant de le comprendre dans son ensemble, sans porter attention aux détails.*

Haïti : rien à voir avec une malédiction

Encore des images de destruction et de désespoir. Des corps que l'on sort des décombres – les Haïtiens étant toujours les premiers répondants sur le terrain. Cette fois, c'est le sud-ouest du pays qui est touché, plus de 10 ans après le séisme de 2010 qui a dévasté le territoire de Léogâne à Port-au-Prince. De nouveau, des milliers d'Haïtiens de la diaspora ont sauté sur leurs téléphones en panique pour savoir si toute la famille allait bien, à peine remis de l'assassinat du président Jovenel Moïse, et revivant les traumatismes du séisme de 2010.

Encore une fois aussi, on entend que ce pays est maudit, que Dieu l'a abandonné ou, pire, le punit d'on ne sait trop quoi. Cela n'a rien à voir avec une quelconque malédiction. Haïti ne fait que subir les conséquences, qui ne cessent de s'accumuler, dans un cercle de plus en plus vicieux, du traitement qu'on lui a réservé depuis son indépendance, en 1804. Une indépendance acquise dans le sang, que les manuels d'histoire ont soigneusement ignorée. […]

Je suis persuadée que beaucoup de gens au Québec ne savent pas pourquoi Haïti est un pays dont la population est noire. C'est qu'après l'arrivée de Christophe Colomb dans cette île qu'il a baptisée Hispaniola (où se côtoient aujourd'hui Haïti et la République dominicaine), les autochtones ont été exterminés en un temps record, on n'a même pas eu besoin de construire des réserves plus tard pour entasser les survivants. Le nom Haïti vient du peuple taïnos : Ayiti.

Pour poursuivre l'exploitation du sucre, une sorte d'équivalent du pétrole à l'époque, on s'est lancé dans la traite d'esclaves, avec les yeux plus gros que la panse. Haïti est un exemple précoce du capitalisme sauvage le plus inhumain, si bien qu'à un moment donné le nombre d'esclaves dépassait de beaucoup le nombre de maîtres. Est arrivé ce qui devait arriver. Ils se sont révoltés et ont pris les armes, portés entre autres par les idéaux de la Révolution française.

Napoléon allait tenter de rétablir l'esclavage dans l'île, et ses troupes s'y casseraient les dents. Les anciens esclaves préféraient mourir plutôt que revenir en arrière. Afin d'avoir la paix, la république naissante a convenu de payer à la France une « compensation » astronomique pour la perte de sa vache à lait sucrière, l'équivalent de milliards de dollars aujourd'hui, et ce, jusqu'en 1947. Une dette qui a plombé le destin d'Haïti et empêché son développement normal de pays libre. Ce n'est pas le « pays le plus pauvre des Amériques » pour rien. On devrait dire : le pays des Amériques qu'on a le plus appauvri. À coups d'isolement, d'ignorance, d'occupations et de dictatures. [...] Depuis, quand je regarde ce qui va mal en Haïti, ce n'est pas l'échec d'Haïti que je vois. C'est l'échec de notre monde.

Source : Chantale Guy, *La Presse*, publié le 15 août 2021.

Activité 2 : Je lis l'extrait une deuxième fois et je dresse la liste de tous les mots que je ne connais pas. Je cherche la définition des mots inconnus et j'essaie de comprendre leur sens selon le contexte dans lequel ils sont utilisés dans l'article.

....
....
....
....
....
....

Activité 3 : Après avoir cherché la définition des mots inconnus, je vérifie ma compréhension du contenu de l'article en répondant aux questions suivantes.

1. Le premier paragraphe de l'article met l'accent sur le courage et la bonté des **Haïtiens**, qui sont toujours **disposés** à secourir et à aider les autres.
   ❏ Vrai   ❏ Faux

2. Dans le deuxième paragraphe, l'autrice[1] s'oppose aux stéréotypes voulant qu'Haïti soit un pays de malédiction.
   ❏ Vrai   ❏ Faux

> 1. Autrice : au Canada, le terme « autrice » est accepté au même titre que le mot « auteure », plus usité en France, au moment où ce manuel s'écrit.

3. Au début du troisième paragraphe, l'autrice dit qu'elle croit que la majorité des gens qui habitent au Québec connaissent bien l'histoire d'Haïti.
   ❏ Vrai   ❏ Faux

4. Dans le quatrième paragraphe, l'autrice affirme que Haïti a été très tôt dans son histoire victime du système colonial capitaliste des pays impérialistes.
   ❏ Vrai   ❏ Faux

5. Dans le cinquième paragraphe, l'autrice soutient que si Haïti est le pays le plus pauvre des Amériques, c'est en partie à cause de son passé colonial et du néocolonialisme.
   ❏ Vrai   ❏ Faux

Activité 4 : Les cinq expressions suivantes proviennent toutes de l'article. J'essaie de comprendre leur fonction et leur sens précis selon leur contexte d'utilisation. Je complète moi-même le tableau dans le cas des deux dernières expressions.

Marqueurs de relation	Catégorie grammaticale	Sens/synonyme
1. Encore	Adverbe de temps marquant la persistance d'une action	<u>Davantage</u> d'images de destruction et de désespoir.
2. Cette fois	Groupe nominal exprimant le temps d'un événement actuel	<u>Dans ce cas</u>, c'est le sud-ouest du pays qui est touché.
3. De nouveau	Locution adverbiale indiquant la répétition ou l'habitude	<u>Une fois de plus</u>, des milliers d'**Haïtiens** ont sauté sur...
4. Encore une fois aussi	....	....
5. Depuis	....	....

Module III • Explorer la diversité du monde francophone !

Je m'informe sur les expressions de la cause, de la conséquence et du but qui servent à argumenter avec cohérence, puis je réponds aux questions.

Définition

Les marqueurs de relation sont des mots qui servent à établir un rapport de sens (cause, but, conséquence, opposition, etc.). Ils remplissent une fonction importante dans l'organisation du texte. En voici quelques-uns : *afin que, ainsi, alors, du fait que, en raison de, mais, malgré, puisque*, etc.

L'expression de la cause

Les mots et locutions tels que *car, du fait que, en raison de, grâce à, parce que, puisque, sous prétexte que*, etc., permettent d'indiquer l'origine ou la raison d'un fait.
Modèle : *La plupart des pays de la Caraïbe sont pauvres parce qu'ils ont été colonisés.*

L'expression de la conséquence

Les mots et locutions tels que *ainsi, alors, c'est pourquoi, de sorte que, donc, d'où, par conséquent*, etc., permettent d'indiquer le résultat ou l'aboutissement de quelque chose.
Modèle : *Haïti est victime d'un boycottage de l'Occident, c'est pourquoi elle est pauvre.*

L'expression du but

Les mots et locutions tels que *afin de, dans le but de, pour, pour que*, etc., permettent d'indiquer l'intention ou l'objectif visé.
Modèle : *Haïti a été colonisée pour enrichir les pays impérialistes d'Europe.*

Activité 5 : Dans les phrases suivantes, les mots ou groupes de mots en gras expriment-ils la cause, la conséquence ou le but ? Cochez la bonne réponse.

1. En 1802, Napoléon a envoyé une puissante expédition militaire **pour rétablir l'esclavage à Haïti**.
   ❑ Cause ❑ Conséquence ❑ But

2. Les esclaves haïtiens sont sortis victorieux **en raison de leur grande bravoure**.
   ❑ Cause ❑ Conséquence ❑ But

3. **Puisqu'**ils ont gagné la guerre, les esclaves ont pu proclamer leur indépendance politique.
   ❑ Cause ❑ Conséquence ❑ But

4. **Grâce à** cette victoire, Haïti est entrée dans l'histoire comme la première République noire du Nouveau Monde.
   ❑ Cause ❑ Conséquence ❑ But

5. Les pays occidentaux esclavagistes étaient très mécontents de la victoire d'Haïti. Ils ont **donc** boycotté la nouvelle République noire.
   ❑ Cause ❑ Conséquence ❑ But

Activité 6 : Je formule une phrase complète sur un sujet de mon choix avec chacun des marqueurs de relation suivants : afin que, ainsi, car, puisque, c'est pourquoi, de sorte que, dans le but de, pour que.

....

....

....

Étape 4 (activité de médiation et de production écrite)
Réinvestir les connaissances

> **Scénario intermédiaire**
>
> Après avoir obtenu assez d'informations sur Haïti, vous avez réfléchi à l'organisation des diverses parties de votre travail pour que celui-ci soit cohérent. Il vous reste maintenant à élaborer le plan de votre exposé et à rédiger ses différentes parties (introduction, développement et conclusion) sur PowerPoint.

Je prépare les informations à inclure dans mon introduction. Je consulte le site Internet de l'Université de Montréal (UdeM) pour me renseigner (ebsi.umontreal.ca/jetrouve/oral/index.htm).

Chercher pour trouver

ÉTAPES — Recherche BIBLIO - INTERNET — Communication : ÉCRIT - ORAL - GRAPHIQUES - AUTRES TRAVAUX - RÉF.

Section Exposé oral

Je présente un exposé en classe en 5-10 minutes

Voici quelques pistes pour t'aider à communiquer à tes camarades le résultat de tes recherches.

J'organise mon contenu en vue d'une présentation

- Préparation du contenu de l'exposé : sujet, plan provisoire, recherche d'information
- Préparation des différentes parties de l'exposé • conclusion • développement • introduction
- Rédaction du plan final
  Résumé des idées sur des • fiches • transparents • diaporama (exemples | insertion son/vidéo)
- Pratique de l'exposé
- Illustration de l'exposé (graphiques, tableaux, images)

Je me base sur les informations obtenues sur le site Internet de l'UdeM et sur le modèle d'autres exposés que j'ai entendus pour compléter le tableau ci-dessous.

Préparation de l'introduction

Élément déclencheur – Je cherche un élément déclencheur, qui peut être une anecdote, une question, une réflexion ou une déclaration.
....

Titre de l'exposé – J'essaie de trouver un titre captivant pour annoncer mon sujet.
....

Rappel – Je prépare un rappel de ce que l'on sait déjà sur le sujet.
....

Objectif – J'énonce l'objectif de mon exposé, c'est-à-dire le but visé.
....

Le plan – Je présente le plan de mon exposé, c'est-à-dire les grandes idées que je vais aborder.

Je me base sur les modèles consultés sur le site Internet de l'UdeM pour préparer le développement de mon exposé.

Préparation du développement

J'énonce ma première idée principale.
....

Je développe les idées secondaires.
....

Je conclus cette partie par un rappel de l'idée principale.
....

J'inclus une phrase de transition avec un marqueur de relation.
J'énonce ma deuxième idée principale.
....

Je développe les idées secondaires.
....

Je conclus cette partie par un rappel de l'idée principale.
....

J'inclus une phrase de transition avec un marqueur de relation.
J'énonce ma troisième idée principale.
....

Je développe les idées secondaires.
....

Je conclus cette partie par un rappel de l'idée principale.
....

Je me base sur les modèles consultés sur le site Internet de l'UdeM pour préparer la conclusion de mon exposé.

> **Préparation** de la conclusion
>
> **Synthèse** – Je fais le résumé des idées développées.
> ....
> **Récapitulation** – Je rappelle l'idée principale, qui est la base de l'objectif de l'exposé.
> ....
> **Conclusion** – Je clos mon exposé en amenant l'auditoire à partager mon point de vue.
> ....
> **Le mot de la fin** – Je signale à l'auditoire que c'est la fin.
> ....

Je rédige les différentes parties de mon exposé.

Activité 1 : J'ai tous les éléments d'information à inclure dans l'introduction. Il ne me reste qu'à rédiger l'ensemble de mon introduction.

....

....

....

Activité 2 : J'ai décidé du nombre d'idées principales et secondaires à inclure dans mon développement. J'ai aussi réfléchi aux marqueurs de relation à utiliser pour assurer la cohérence de mes propos. Il ne me reste qu'à rédiger l'ensemble de mon développement.

....

....

....

Activité 3 : J'ai déjà réfléchi aux éléments à inclure dans ma conclusion. Il ne me reste qu'à rédiger l'ensemble de ma conclusion.

....

....

....

Activité 4 : Après avoir rédigé l'ensemble de mon exposé, que dois-je faire pour m'assurer que tout est correct sur le plan du contenu et de la forme ?

....

....

....

Faire le point

- Rapport d'apprentissage (autoréflexion sur le progrès accompli)
- **Je réagis :** Maintenant que j'arrive à la fin du chapitre, j'écris un rapport sur mon expérience pendant le déroulement du scénario 4 que je présente à **mon professeur**. J'inclus les commentaires suivants dans mon rapport :
    - ce que j'ai préféré faire comme activité ;
    - ce que j'ai appris ;
    - ce que je savais déjà ;
    - ce que j'aurais aimé ne pas avoir à faire et pourquoi.

Tâche finale (activité de médiation et de production orale)

Présenter les résultats de sa recherche à des camarades de classe.

> **Scénario final**
>
> Après avoir bien organisé et rédigé sur PowerPoint le contenu de l'ensemble de votre exposé oral, vous vous préparez à en faire la présentation devant la classe. Qu'est-ce que vous comptez faire pour vous assurer que la présentation se passe bien ?

Ce que je dois faire pour réussir la tâche finale :
- Je me renseigne et je dresse une liste de tout ce que je dois faire pour ne rien oublier ;
- Je réutilise les nouveaux mots et expressions appris ;
- Je réutilise entre autres les nouvelles structures grammaticales apprises ;
- Je répète plusieurs fois mon exposé oral, en faisant attention à tous les détails ;
- J'enregistre l'une des séances de répétition ;
- Je m'assure d'avoir tous les outils technologiques nécessaires (ordinateur, projecteur, micro, etc.).

Ce que je dois soumettre au professeur pour l'évaluation de la tâche finale :
- Le fichier PowerPoint de l'exposé oral ;
- La vidéo d'une séance de répétition.

Langage inclusif

Tableau récapitulatif de l'écriture inclusive dans le scénario 4 du module III

	Forme au masculin	Forme au féminin	Forme inclusive de toutes les identités de genre et sans hiérarchie entre les genres
Mots qui représentent une identité de genre (noms, déterminants, adjectifs, participes passés, pronoms, etc.)	1. *informé* 2. *haïtiens* 3. *disposés* 4. *ils* 5. *mon*	1. *informée* 2. *haïtiennes* 3. *disposées* 4. *elles* 5. *ma*	1. *informé·e* 2. *haïtien·ne·s* 3. *disposé·e·s* 4. *iels* (voir p. xiv) 5. *maon*
Noms de professions et de métiers	6. *professeur*	6. *professeure*	6. *professeur·e*

Bravo, vous avez terminé le scénario 4 du module III !

PROJET DE FIN DE MODULE

Je propose de présenter en public les résultats de ma recherche sur la francophonie (production écrite)

> Après avoir visité un pays ou une région francophone, vous décidez de faire plus de recherches sur ce pays ou cette région et de présenter les informations obtenues aux **étudiants** du club francophone de votre département de langues à l'université. Pour cela, vous prévoyez de préparer une présentation multimédia pour décrire ce pays ou cette région sous tous ses aspects (système éducatif, politique, économique et culturel, ainsi que ses traditions, religions, langues, arts, mode, musique, cuisine, etc.). Vos camarades de classe trouvent cela très intéressant, et vous décidez d'écrire **au président** du club francophone de votre université et **au directeur** du département pour leur soumettre le projet. Dans le courriel **au président**, vous lui demandez d'organiser une réunion spéciale pour vous permettre de faire votre présentation aux membres du club. Dans celui **au directeur**, vous lui proposez de publier votre présentation sur le site du département.

Voici quelques éléments à ne pas oublier pour la réussite de votre projet :

- déterminer avec précision le contenu et le format de votre présentation multimédia ;
- écrire les courriels **au président et au directeur**, en faisant attention à la forme et au contenu de votre demande ;
- inclure le plan de la présentation dans les courriels ;
- après avoir rédigé les courriels, relire et corriger le texte avant de les envoyer.

Langage inclusif

	Forme au masculin	Forme au féminin	Forme inclusive de toutes les identités de genre et sans hiérarchie entre les genres
Noms de professions et de métiers	1. étudiants	1. étudiantes	1. étudiant·e·s
	2. président	2. présidente	2. président·e
	3. directeur	3. directrice	3. directeur·trice
	4. au	4. à la	4. au·à la

Tableau récapitulatif de l'écriture inclusive dans le projet de fin de module III

Bravo, vous avez terminé le module III !

Appendice : Liste des points de grammaire du livre

Module	Scénario	Points de grammaire	Page
I	1	• Le conditionnel présent	15
	2	• Le subjonctif (souhait, obligation) • Le futur proche et le futur simple • Les conjonctions temporelles	31 32 34
	3	• Si + présent/passé composé, présent /futur proche/ futur simple/impératif	49
	4	• Si + présent, impératif/futur • Si + imparfait, conditionnel • Les phrases hypothétiques formulées avec des prépositions ou des conjonctions	64 64 64
II	1	• Les formes adverbiales et adjectivales pour exprimer ses goûts	89
	2	• Les verbes de préférence • Les locutions prépositionnelles	108 108
	3	• Distinguer les verbes transitifs et intransitifs	119
	4	• Adverbes de fréquence • Le comparatif et le superlatif	129 131
III	1	• Le verbe pronominal de sens réfléchi et le verbe pronominal de sens réciproque • Les adverbes de sens réciproque	158 158
	2	• Les marqueurs du temps (passé, présent et futur)	176
	3	• Les marqueurs de relation	214
	4	• Les expressions de la cause, de la conséquence et du but	215

Index

Abénakis, 166
achat de titre de transport, 109–111
activités de loisir, 125–129
addition, expression de l', 16
adjectifs, vs adverbes, 92–93
adverbes, 92–93
    de fréquence, 129
    de sens réciproque, 158
Amérique francophone, 81–86, 207–208
Antilles
    francophonie, 206–208
    traditions/culture, 188–201
anxiété
    stress des examens, 69–70
    techniques de relaxation, 58–60
approche actionnelle, xi–xv
assurance habitation, 8
Atikamekw, nation, 115–117
autochtones, xv
    au Québec, 84–86
    hébergement de vacances, 115–117
    littérature, 89–90
    programme d'échange, 165–166
    programme d'études, 31

bail de logement, 7–9
Bonnaire, Sandrine, 93–94
brochure touristique, 81–86, 132–134, 138
but, expression du, 215–216

Canada
    hiver au, 126–127
    situation du français au, 147

capitowan, 116
Caraïbes, 94–95
    francophonie, 206–211
    situation sociolinguistique, 208
    traditions/culture, 188–201
carrières, 25–28
carrousel, activité, 121
cartes géographiques, 81–86
cause, expression de la, 16, 215–216
CECR/CECRVC (Cadre européen commun de référence pour les langues- Vol. comp.), xii–xiii
CERL (Cadre européen de référence pour les langues), xi
choix de moyen de transport, 100–111
colonisation, pays du Sud, 211
comparaison, formules de, 131, 197–198
compétence interculturelle, 195
compétition sociale, 62–63, 65–67
compte rendu
    de lecture, 61–62, 68
    d'évènements, 171–174
conclusion, préparation de la, 219
conditionnel présent, 15, 64
connecteurs, 16
conseiller pédagogique, 35–36
conseils de réussite, 51
conséquence, expression de la, 16, 215–216
courriel formel, 162–164
cours, choix de, 23–32, 35–36, 38
coutumes d'un pays/région francophone, 188–201
culture
    diversité, 189–190, 199–200
    vocabulaire, 195

débat en classe, 65–67, 72
déception/émerveillement, 133–135
définition, usage de la, 197–198, 215
demande d'inscription
    programme de mobilité, 160–161
    résidence universitaire, 17–20
déplacement, moyens de, 100–111
description
    texte descriptif, 175, 191–192, 196–198
    vocabulaire, 89–90
destination de vacances, 79–98, 126–127
développement, préparation du, 218
discours, débat en classe, 65–67
diversité culturelle, 189–190

échange, programmes d', 149–155, 160–161, 169–185
écriture inclusive, xv–xvi. *Voir aussi* langage inclusif
EDID (équité, diversité, inclusion et décolonisation), xv–xvi
éducation, systèmes d', 36
email formel, 162–164
émerveillement, émotion, 132–134
émotions
    déception/émerveillement, 132–135
    description des, 177–178
    stress des examens, 56–60, 69–70
études
    choix d', 23–32, 35–36, 38
    conseils de réussite, 51
    en français, 145–148
    étudiant d'université, 5–6, 156
    préparation des examens, 56–60, 69–70
    procrastination et, 40–49
    programmes de mobilité étudiante, 149–155, 160–161
    Voir aussi programme de mobilité étudiante/échange
évaluation, vocabulaire, 62

examens, préparation des, 56–60, 69–70
excursion, planifier une, 125–136
exemples, usage des, 197–198
exposé oral, 203–219
    rédaction, 219–220
expressions
    de goûts, intérêts, choix, 89–95
    de la cause, de la conséquence, et du but, 215–216

formulaire de demande d'inscription, 17–19
français au Canada, 147
France, universités, 152
francophonie
    canadienne, 203–204
    traditions/cultures, 188–201
    des Amériques, 81–86
    des Antilles/Caraïbes, 206–211
    études dans un pays/région de, 145–148
    internationale, 204–205
    résultats de recherche sur la, 222
futur proche/simple, 32–34

Guadeloupe, 94–95
guide touristique, devenir, 132–134

habitation, types de, 12
Haïti, 198, 209–214
hébergement de vacances, 113–120
hiver, vacances d', 125–136
hypothèse
    certaine, 49
    formuler une, 49, 63–64
    incertaine, 64

inclusivité, langage de, xv–xvi
inscription
    étapes d', 160–161

formulaire de demande d', 17–19
programme de mobilité, 160–161
interculturalité, 189–190
Internet. *Voir* recherches en ligne
introduction, préparation de l', 218

langage inclusif, 4, 22, 39, 55, 71, 73, 78, 99, 112, 124, 137, 139, 144, 168, 186–187, 202, 221, 223
écriture inclusive, xv–xvi
lecture, compte rendu de, 61–62
lettre formelle, 13–15, 162–166
locutions prépositionnelles, 108
logement
bail de, 7–9
de vacances, 113–120
trouver un, 5–6, 10–12, 17–20
types de, 12
logotypes, xvii
loisirs, activités de, 125–129

marché de nourriture, 90–95
marqueurs
de relation, 15–16, 64, 214–216
temporels, 176–177
Martinique, 194, 196–197
mobilité étudiante, programmes de, 149–155, 160–161
modes de transport, 100–111
montagne Pelée, 196–197
moyens de transport, 100–111
musique et relaxation, 52–53

narration
au passé, 179–184
texte narratif, 173–178
nourriture, expression des choix, 89–95
obligation, expression de l', 31–32
opposition, expression de l', 16

oration, débat en classe, 66–67
organisation, règles d', 50–51, 70
orientation d'études, 25–28, 35

passé, temps du, 179–181
patois, 93
pays francophone.
exposé oral, 203–219
présentation d'un, 209–211
traditions/coutumes, 188–201
Voir aussi francophonie
perfectionnisme, 45
phrase hypothétique
certaine, 49
incertaine, 64
planification de voyages, 125–136
préférence, verbes de, 108
préparation des examens, 56–60, 69–70
prépositions, locutions de, 108
présentation, préparer une, 72
procédés descriptifs, 197–198
procrastination, 40–49
production
écrite, 13–14, 17–21, 38, 50, 96, 130, 132, 135, 165–167, 182–184, 193, 199–201, 217–219, 222
orale, 54, 65, 97–98, 107, 110–111, 121–123, 132–135, 185, 220
profession, choix de, 23–32, 35–36, 38
programme de mobilité étudiante/échange
choix de, 151–153
étapes d'inscription, 160–161
se renseigner sur un, 149–151
séjour raconté, 169–185
sortie culturelle, 191–192
témoignages, 156, 174
vocabulaire, 153, 155
programme d'études et cours, 23–32, 35–36, 38
projet de fin de module, 222

Québec
   Abenakis, 166
   autochtone, 84–86
   français au, 147–148
   logement au, 11–12
   sites UNESCO, 87
   tourisme, 126–127
   Université du Québec, 169–170

recherches, choix de pays, 96
recherches en ligne
   culture d'Antilles, 193–195
   exposé oral, 217
   francophonie, 203–204, 206
   Haïti, 209
   hébergement de vacances, 115–120
   programmes d'échange/mobilité, 149–154, 160
rédaction
   administrative, 13–15
   du compte rendu, 61–62
   d'un témoignage, 182–184
reformulation, 197–198
région francophone. Voir francophonie; pays francophone
règlements de bail/résidence, 7–9
relaxation
   anxiété et, 58–60, 69
   musique et, 52–53
rentrée universitaire, 5–6
réservations, faire des, 113–120
résidence universitaire
   bail/règlements, 7–9
   demande d'inscription, 17–20
   vocabulaire, 10
respiration abdominale, 59–60, 69
réussite, stratégies de, 51
   éviter la procrastination, 40–49
   gérer le stress, 69–70
santé mentale
   anxiété, 58–60

   stress des examens, 56–60, 69–70
   vocabulaire, 48
scénario, xiii–xv, xviii
séjour d'échange, 169–185
sentiments, lexique des, 177–178
si + présent/futur, 49
sortie culturelle, 191–192, 196, 199–200
souhait, expression du, 31
stage, 81, 155. Voir aussi programme de mobilité étudiante/échange
stratégies de réussite, 51
   éviter la procrastination, 40–49
   gérer le stress, 69–70
stress des examens, 56–60, 69–70
subjonctif, 31–32
superlatif, 131
symboles, francophonie, 146

témoignages
   au temps du passé, 179–181
   compte rendu d'évènements, 171–174
   programmes d'échange/mobilité, 156
   rédaction, 182–184
temps, marqueurs de, 176–177
texte descriptif, 175, 191–192, 196–198
   plan d'un, 199–200
texte narratif, 173–178
   au passé, 179–181
tipis, 116
titre de transport, achat de, 109–111
tourisme
   brochure touristique, 81–86, 132–134, 138
   être guide touristique, 132–134
   Québec autochtone, 84–86
   sites Internet et, 126
traditions d'un pays/région francophone, 188–201
train, voyage en, 102–104
transport, moyens/choix de, 100–111
tutoiement, 131

UNESCO, sites, 87
université.
    choix d', 151–155
    francophone, 145–148
    programme d'études et cours, 23–32, 35–36, 38
    rentrée universitaire, 5–6
    Voir aussi résidence universitaire
Université des Antilles, 193
Université du Québec, 169–170

vacances
    destination de, 79–98, 126–127
    logements de, 113–120
verbes
    conditionnel présent, 15
    de préférence, 108
    futur proche/simple, 32–34
    pronominaux, 158–159
    subjonctif, 31–32
    temps du passé, 179–181
    transitifs/intransitifs, 119–120
vocabulaire
    culture, 195–196
    programmes de mobilité étudiante/échange, 153, 155
    situation des pays du Sud anciennement colonisés, 211
    vie en résidence, 10–12
vouvoiement, 131
voyages
    modes de, 100–111
    planification de, 130–131

Remerciements de droits d'auteur

Cover (left to right): Photo of Chateau Frontenac by Benoit Debaix, Unsplash; Le Marron Inconnu, photo by Bdx, Wikimedia Commons; Indigenous Talking Stick, image courtesy of the Huron-Wendat Museum

Page 1: Keira Burton / Pexels

Page 5: Elnur / Shutterstock

Page 6: martinedoucet / iStock

Pages 8–9: Adapted from "Conditions de location," Université Laval, https://www.residences.ulaval.ca/futurs-residents/conditions-de-location/

Page 12: Adapted from "Le petit lexique de l'appartement au Québec," *Kangalou*, 2018, https://www.kangalou.com/blog/fr/le-petit-lexique-de-lappartement-au-quebec/

Pages 17–19: Adapted from "Les résidences de l'Université Laval," Université Laval, https://www.residences.ulaval.ca/fileadmin/documents/Formulaire-reservation-etudiant-temps-complet.pdf

Page 24: Marten Bjork / Unsplash

Page 25: Jobboom

Pages 26–27: Adapted from "Les 10 programmes universitaires qui ont le plus de débouchés," *Narcity*, 2016, https://www.narcity.com/fr/montreal/les-10-programmes-universitaires-qui-ont-le-plus-de-debouches

Page 30: Anaïs Bataille / YouTube

Page 36: Cégep de Chicoutimi (top); TV5Monde (bottom)

Page 37: Kampus Production / Pexels

Page 41: Keira Burton / Pexels

Pages 41–43: Adapted from "Procrastination : 10 questions et 3 étapes pour (enfin) vous en débarrasser," *Penser et Agir*, https://www.penser-et-agir.fr/procrastination/

Pages 44–47: Adapted from "Procrastination : Définition, causes, conséquences et solutions," *Everlaab*, https://everlaab.com/procrastination-definition-causes-consequences-et-solutions/#les-causes-de-la-procrastination

Page 51: Adapted from "5 conseils pour réussir votre année universitaire," *Education First*, https://www.ef.com/cafr/blog/language/5-conseils-pour-reussir-votre-annee-universitaire/

Pages 52–53: Adapted from "Quelles sont les meilleures musiques pour se relaxer ?" Alice Huot, l'ADN, 2019, https://www.ladn.eu/nouveaux-usages/usages-et-style-de-vie/top-musiques-se-relaxer/

Page 57: Julia M Cameron / Pexels

Pages 58–60: Adapted from "Se débarrasser du stress des examens en 5 méthodes," Aziza Sellam, *Studyrama*, https://www.studyrama.com/revision-examen/bac/revisions-et-jour-j-tous-les-conseils-pour-reussir-son/se-debarrasser-du-stress-des-examens-en-5-methodes-94081

Page 60: RF._.studio / Pexels

Page 63: sl wong / Pexels

Page 65: Monstera / Pexels

Pages 69–70: "Examens : comment gérer le stress ?" *Réussir ma vie*, https://www.reussirmavie.net/Examens-comment-gerer-le-stress_a2821.html. © www.reussirmavie.net

Page 75: Colin Lloyd / Unsplash

Page 80: William Fortunato / Pexels

Page 82: Centre de la Francophonie des Amériques

Pages 84–85: Tourismeautochtone.com

Page 88: Glenn Carstens-Peters / Unsplash

Page 94: Jean-Claude Lother / AZ Films

Page 98: FG Trade / iStock

Page 101: Maksim Goncharenok / Pexels

Pages 102–103: VIA Rail Canada Inc.

Page 104: engelbachm / Pixabay

Page 111: frank2016wang / Pixabay

Page 114 (clockwise from top left): Keegan Checks / Pexels; Kadir Avşar / Pexels; deno wang / Pexels; Jarek Soltys / Adobe Stock; Hadimorphotography / Shutterstock; krblokhin / iStock; Asad Photo Maldives / Pexels; Thorsten technoman / Pexels; Camping Tadoussac / Entreprises Essipit; Alex Rainer / Unsplash; © Parks Canada / Jessica Seguin; Viateur / Pixabay; nycshooter / iStock; Ray Bilcliff / Pexels

Page 117: Wachiwit / iStock

Page 121: InteractiFLE Mail / YouTube

Page 123: Canva Studio / Pexels

Page 128 (clockwise from top left): Maria Orlova / Pexels; RDNE Stock project / Pexels; syntika / iStock

Page 136: Taryn Elliott / Pexels

Page 141: Andy Barbour / Pexels

Page 146 (clockwise from top left): Wikimedia; Association des communautés francophones d'Ottawa; Wikimedia; Université de Moncton; Université de Montréal; La Cité Universitaire Francophone; Université de Hearst; Wikimedia

Page 149 (left to right): EduCanada; Fédération de la jeunesse canadienne-française; Association des collèges et universités de la francophonie canadienne

Page 152 (clockwise from top left): Sorbonne Université; École Normale Supérieure; École Polytechnique; École des Ponts ParisTech

Page 156: AzmanJaka / iStock (top); jeffbergen / iStock (bottom)

Page 158 (clockwise from top left): SurfUpVector / iStock; artbesouro / Adobe Stock; Hanna Syvak / Adobe Stock; Good Studio / Adobe Stock; Julien Perron-Gagné

Page 161: George Pak / Pexels

Page 167: Vlada Karpovich / Pexels

Page 169: Université du Québec

Page 173: Ridofranz / iStock

Page 181: Recep Tayyip Çelik / Pexels

Page 184: Andy Barbour / Pexels

Page 192: Enric Cruz López / Pexels

Page 193: Université des Antilles

Page 194: Martinique.org

Page 195: Andrea Piacquadio / Pexels

Page 204: CBC/Radio-Canada (top); Organisation internationale de la Francophonie (bottom)

Page 205: Dmytro Varavin / iStock

Page 206: Wikimedia

Page 207: Centre de la francophonie des Amériques

Page 210: France 24

Pages 212–213: "Haïti : rien à voir avec une malediction," Chantale Guy, *La Presse*, 2021, https://www.lapresse.ca/actualites/chroniques/2021-08-15/haiti/rien-a-voir-avec-une-malediction.php

Page 217: École de bibliothéconomie et des sciences de l'information (EBSI), Université de Montréal